JN071531

年報日本現代史　第 28 号　2023

日中戦争期日本の華北占領支配

編集委員
赤澤史朗 豊下楢彦 森武麿 吉田裕
明田川融 安達宏昭 高岡裕之 戸邉秀明 沼尻晃伸

現代史料出版

特集にあたって

伊香　俊哉
安達　宏昭

六年前の二〇一七年に『年報日本現代史』第二二号では、「日中戦争開戦八〇年」と題する特集を組んだ。その号の責任編集委員であった吉田裕は「特集にあたって」で、日本国内で「日中戦争を封印し忘却する大きな力が働いていることを、ひしひしと感じる」と記した。一九九〇年代後半から第二次安倍晋三内閣期にいたる歴史修正主義の台頭は、教科書検定などでその方向性を如実に示していた。さらに日中戦争体験者の減少も「歴史の忘却」に拍車をかけている。

このような状況の一方、近年、日中戦争関係を含む史料へのアクセスは日中両国で利便性が高まってきている。その顕著な側面はインターネット上での史料公開の進展である。日本でその先鞭をつけたアジア歴史資料センターが内外の研究者に大きな貢献をしてきたことは周知の事実であるが、国立公文書館や国立国会図書館でのデジタルアーカイブ公開も進展が著しい。中国側でも北京市档案館や天津市档案館のデジタルアーカイブは海外からもアクセスが可能となっている。さらに二〇一七年から中国社会科学院近代史研究所によって運営が開始された「抗日戦争与近代中日関係文献数据平台」（抗日戦争と近代中日関係文献データベース、https://www.modernhistory.org.cn/）は、戦時期の刊行物なども公開している。また中国の場合、学術雑誌論文や学位論文がインターネット上で容易に閲覧できる点は、日本よりも進んでいるといえる。台湾の文書館などの史料公開がインターネット上で進んでいることも、一言付け加えておく。

中国では、中国人研究者にとっても省や国家レベルの档案館で史料収集を行うことにはまだハードルが高いが、市レベルの档案館は外国人に対しても比較的開放的であり、一定の手続きを踏めば、インターネットで公開していない史料を閲覧することも比較的容易になっている。

さらに中国側では近年、抗日戦争関連の史料集の刊行が相次ぎ、なかには数十巻から一〇〇巻を超える規模の大型史料集もある。前述の「抗日戦争与近代中日関係文献数据平台」をベースに編まれた『抗日戦争軍事資料集』（全一〇〇巻、社会科学文献出版社）を始め、『抗日戦争時期全国重大惨案』（共産党史出版社）や各省・特別市毎の『抗日戦争時期人口傷亡和財産損失』（同前）といった被害状況についての史料、『中国対日戦犯審判档案集成』（全一〇二巻、上海交通大学出版社）といった戦犯裁判関係史料、『抗日戦争資料叢編』（第一～四輯、全二五〇巻、国家図書館出版社）、その他枚挙の暇がないほどの史料集が刊行されている。これらの史料集には日本軍による占領支配の実態解明を進める上で有用なものが含まれていることであろう。華北関係でも、『北平偽中華民国臨時政府広報』（全一四巻、國家圖書館出版社、二〇一〇年）、『華北政務委員会公報』（全二二巻、同前、二〇一二年）といった基本史料が刊行されている。

今後も引き続き期待される史料公開により、従来十分に解明されてこなかった日中戦争の新たな側面がより精緻に明らかにされていくことが期待される。そうした方向への一つの歩みとして、今回は特に華北占領支配に焦点を当てた特集を組んだが、その意義としては次の点を指摘できる。

まず、日中戦争において華北がもった特徴と日本にとっての重要性である。華北は日中戦争の発端となった北京を始め、一九三七年七月に開始された日中戦争で真っ先に日本軍の占領下に置かれていった地域である。いわば日中戦争期、もっとも長く占領下に置かれた地域ということである。さらに日本軍が支配した都市と交通線、いわゆる「点と線」の支配の後方には、中国共産党と共産党軍（八路軍）が抗日根拠地を形成し、日本軍は安定的な支配を確立できず、治安戦を展開し続けねばならなかった。なかでも一九四〇年夏以降に日本軍が展開した塵滅作戦は、中国側から「三光」（焼き尽くし、殺し尽くし、奪い尽くす）と称された過酷なもので、日中戦争期に最大規模の住民被害を生むものであった。また日中戦争、さらにアジア太平洋戦争を展開する上で、華北は重要国防資源の供給地と位置づけられ、また「満洲国」・華北・日本への労働力供給地としても位置づけられていった。この点は華中以南の日本占領地とではその占領の意味の重みが異なっていたといえる。

このような特徴をもつ日中戦争期の華北であるが、①軍事支配（正面戦、治安戦）、②政治支配（傀儡政権／対日協力政権、治安強化運動、新民会、保甲制など）、③経済支配（鉱物資源、農産物、農村経済、通貨、交通、商会など）、④精神支配（教育、文化など）、⑤戦争犯罪研究（三光・住民虐殺、細菌戦、毒ガス戦、性暴力など）といった研究領域でそれぞれ先行研究の蓄積はある。しかし日本軍による軍事占領が開始され、そのなかで日常的な支配が行われている状態についての研究は、日本側の研究でも中国側の研究でも、華中を対象としたものより少ない現状である。この点は河北師範大学歴史文化学院の趙秀寧が、ごく最近、中国東北や華中の日本軍占領地域に比べ、華北の日本軍占領地域に関する学術研究は薄いと述べていることとも共通する認識といえる（趙「加強華北淪陥区日偽統治下的城市史研究（華北占領区傀儡政権支配下の都市史研究の促進）」『中国社会科学報』二〇二三年九月一八日）。

前述の史料状況、研究状況、問題意識から、伊香を研究代表として二〇二〇年度から「戦時期日本の中国占領・支配の総合的研究」というテーマで科学研究費（研究課題／領域番号20H01311）による共同研究をスタートさせた。対象地域は華北に置き、共同研究の分担は伊香が軍事支配、小林元裕が政治支配、安達宏昭が経済支配、齋藤一晴が文化支配とした。この科研費については応募段階から北京の首都師範大学歴史系日本史研究者・史桂芳氏らとの共同研究方針が盛り込まれていたが、首都師範大学では二〇二〇年一一月に東亜歴史研究中心（東アジア歴史研究センター）が設立され、さらに二〇二二年度から国家社科重大課題のひとつとして史氏が代表となった「各国史料中の日本の華北侵略占領史料整理と研究（多国档案中的日本侵占華北史料整理与研究）」（課題番号22&ZD236）がスタートした。このプロジェクトメンバー中の日本史研究者である史、殷志強、崔金柱、王超の四氏との共同研究の成果の一部が本特集の論考であり、以上のメンバーのうち、今回は五名が論考を寄せることとなった。諸般の事情により小林、史、崔の三氏が論文を寄せることができなかったことは、特集の意義からは誠に残念であった。

特集の第1論文は、伊香俊哉「日中戦争期華北占領地における民衆動員と支配」である。この論文は、従来あまり焦点が当てられてこなかった日本が支配した華北都市部の状況の解明を進めようとしたものである。華北における民衆支配という点では日本軍が治安戦を展開する一方で、新民会や保甲などに組織化し、日本への協力を引き出そうとしたことはすでに解明されてきた。本稿の特徴はそれらについて日本側よりも実証が進んでいる中国側の近年の研究や未公刊の原史料によって、都市部の民衆が日常において様々なイベントに動員されたり、統制を受けていた状況を浮かび上がらせたことにある。また一九四一年から一九四二年にかけての治安強化運動、一九四二年から戦争末期まで展開された新国民運動が華北政務委員会総掛かりで、対日協力の枠に留まらない内容で展開されたことも指摘した。こうした状況は華北で膨大な対日協力者、すなわち「漢奸」を生んでいたことをも示しており、戦後の華北社会に影を残すことになったことも展望されている。

第2論文は、殷志強「華北占領地における宣撫工作とその限界」である。この論文は、日本軍が占領地において展開した宣撫工作の実態について、おもに当時の宣撫班の報告書に依拠して解明を進めたものである。華北各地に派遣された宣撫班員がいかに対日協力を言葉で求めたとしても、軍による現地での物資略奪や軍事行動自体が宣撫の基礎を掘り崩していき、宣撫班員はその現実の前に無力感を感じていた。また言葉以上に宣撫に有用と評価されていた医薬品の提供は、医薬品の不足でままならなくなっていたことなどが明らかにされている。

第3論文は、安達宏昭「戦時期日本の華北経済支配と食糧増産政策」である。この論文は、中国民衆の食糧である小麦や雑穀の増産政策の展開を、日中戦争の段階にそって明らかにしたものである。華北では恒常的に、食糧の自給ができず、輸移入に頼っていたため、治安確保や資源開発のための労働力の供給という観点から、自給のための増産政策が採られた。特に、アジア太平洋戦争開始後、カナダやオーストラリアからの小麦輸入が途絶したため、膨大な「鑿井」すなわち井戸を掘ることによって農業用水を確保して灌漑を行い、耕地面積の拡大を図って増産を実現しようとした現地日本機関の政策に着目し、その展開を追ったところに特色がある。これらの増産政策は、政府中央の政策とのズレや、干害、治安の悪化もあって失敗に終わり、華北経済支配全体も破綻していくこととなった。改めて、華北の経済支配が「大東亜共栄圏」構築の鍵を握るものであったことを認識させる内容となっている。

第4論文は、齋藤一晴「日中戦争下の華北における日本語教育の実相」である。この論文は、証言や当時の史資料から、教育を受ける子どもたちの様子や学校の状況の一端を復元することで、日本語教育を行うこと自体がいかに困難であったかを明らかにしている。また、植民地や「満洲国」での日本語教科書と華北の日本語教科書を比較し、外国語であった日本語にもかかわらず、それに対応したものを作成することができず、日本語の教員の確保も困難であったことも明らかにしている。本論文は日本語教育を単に教育の観点からだけでなく、占領支配全体のなかで捉えようという試みに特色があり、対日協力と抵抗が交差した戦争と占領の最前線で、現地の人びとや子どもが、どのように受けとめたのかに迫ろうとする内容になっている。

第5論文は、王超「竹内好の『北京日記』と北京体験―一九三〇年代在華日本留学生の思想史的研究」である。この論文は、中国文学研究者として戦後著名となる竹内好の留学体験を思想史的に読み解いた興味深い論考である。竹内が北京に渡ったのは日中戦争開戦間もない一九三七年一〇月のことだったが、本稿では東京帝国大学というエリートの戦時下の留学生活振り、現地の日本官僚への辛辣な批判、日本語教育への従事、中国の文学者たちとの緊張を孕んだ交流などが竹内の日記などに依拠して再現されている。通説に対する修正や批判を交えながら論は展開され、竹内が戦時下の北京にいる日本人や北京を訪れた佐藤春夫に対して投げかけられた批判的まなざしが、帰国後、そして戦後の竹内の思想につながっていることが展望されている。

また、「現代史の扉」は芳井研一氏にお願いした。地域の研究から日中戦争研究にいたるまで史料を求めて内外の各地をまわり、海外の研究者とも交流して現地にも足を運ぶ氏のこれまでの精力的な研究の様子を改めて学ぶことができる。実証的な研究を幅広く展開した氏の研究活動に敬意を表したい。

最後になるが、本号で執筆された全ての方々に、深く感謝申し上げる。

日中戦争期日本の華北占領支配　目次

【現代史の扉】

蝸牛のあゆみ……芳井研一 187

執筆者紹介（掲載順）

伊香俊哉〔都留文科大学文学部教授〕
殷　志強〔首都師範大学歴史学院専任講師〕
安達宏昭〔東北大学大学院文学研究科教授〕
齋藤一晴〔日本福祉大学教育・心理学部准教授〕
王　　超〔首都師範大学歴史学院専任講師〕
芳井研一〔新潟大学名誉教授〕

Ⅰ　日中戦争期華北占領地における民衆動員と支配

伊香　俊哉

はじめに

これまで、日本の戦後歴史学は満洲事変以後の中国侵略について膨大な蓄積をしてきた。その中でも戦争・歴史認識という点で大きな意味を持つ戦争の加害・戦争犯罪に関しては、今日まで南京大虐殺・民衆虐殺、毒ガス戦、七三一部隊・細菌戦、強制連行・労働、性暴力・慰安所政策、重慶爆撃、治安戦・「三光」などについての多くの実証研究が積み重ねられてきている(1)。また中国に対する軍事占領・政治支配という点では中国東北(「満洲」)についてはかなりの研究蓄積があり、華中に関しては汪兆銘政権研究や日本占領下の上海研究が積み重ねられてきた。加害・戦争犯罪研究に加えて、占領・支配の研究は戦争・歴史認識形成に重要な意味を持つが、華北や華南についての日本側の研究はそれほど多くない。

華北は日中戦争開始の地であり、いち早く日本の支配下に置かれていった地域であった。逆にいえば中国本部において一番占領期間が長かった地域である。そしてそもそも盧溝橋事件が華北の資源獲得を主眼とする華北分離工作を前提に発生したことが示すように、日中戦争期を通じて資源供給地・「兵站基地」として重視され続けた地域であった。またそのような欲求を抱く日本軍に対して、共産党軍（八路軍）が抗日根拠地を形成し抗戦を展開し、それに対する日本軍の治安戦が苛烈に展開された特徴を有する地域でもある。

日中戦争の実態についての認識を深める上で、このような性格を持つ華北において、約八年間にわたる日本の占領・支配がどのようなものであったのかを解明することは重要なことであるが、日本側でのこれまでの研究蓄積はそれほど多くない。占領・支配という点で、初期侵攻作戦後の治安戦は深く関係するが、この点については防衛庁防衛研修所戦史室編『戦史叢書　北支の治安戦　1・2』が、中国民衆の軍事的動員といった面まで含めて、先駆的に明らかにしている（以下、本稿で「民衆」という場合、基本的に中国側の民衆を指す）。その後、民衆の動員という点で重要な新民会についての先駆的な研究が八巻佳子により一九七五年に発表され、その後堀井弘一郎の研究が一九九三年に発表されて、組織論的な面での解明が進んだ。また石島紀之が華北も含めて中国全体を視野に入れた日本の軍事支配を俯瞰する研究を一九九二年に発表した。その後新民会については、二〇〇〇年代に入って、王強、寺尾周祐の研究があったが、二〇一〇年以後菊地俊介が一連の研究を発表し、青年の動員について多角的に明らかにしている。また華北も含めた傀儡政権／対日協力者研究についての近年の研究としては広中一成、関智英が成果を発表している。山東省の治安強化運動や傀儡軍については馬場毅の詳細な研究がある。[2]一方中国側では一九八〇年代後半以後、治安戦・治安強化運動、新民会・合作社、保甲制、民衆動員、生活統制に関する史料集の出版や実証的な研究がコンスタントに蓄積されてきている。[3]

従来の日本側の研究が新民会の組織論的分析や、新民会・対日協力者に関する言説分析に比重が大きい傾向や、華北の戦争末期の状況への言及が比較的少ない状況を踏まえて、本稿では戦争末期までの日本軍による民衆動員・生活統制に関する検討を、中国側の史料・研究、さらに北京市档案館の一次資料を利用することによって進める。その最大の狙いは、前述した研究、特に日本における研究の蓄積からは十分に可視化されていない、都市の民衆支配の様相を浮かび上がらせることにある。より具体的には、日本軍が華北支配のために展開した「治安戦」「治安強化運動」というものに軸を置きつつ、傀儡軍や新民会などに民衆がどのように動員されたのか、さらにそれらが展開された都市空間での民衆生活がどのような統制・監視下で送られていたのかを検討することに主眼を置く。これらの検討によって、華北抗日根拠地の民衆の生活状況[4]とは異なる、華北において「戦場」ではなくなった日本占領下の都市で生き続けねばならなかった民衆の姿とはどういうものであったのかに接近したい。そしてこの作業は日本の華北占領・支配についての認識を深める一助になるとともに、ここで明らかになる民衆状況は、華北の戦後というものを考える一つの前提を提示することにもなるであろう。

本論に入る前に、前提となる状況について述べておこう。

局地的な軍事衝突であった一九三七年七月七日に始まる盧溝橋事件は、日中戦争へ発展した。その背景にあったのは、華北分離工作以来の華北支配確立欲求、より具体的には軍需資源獲得欲求が日本軍・政府レベルで幅広く共有されていたことである。日本軍は七月二八日に北平・天津地域の制圧に乗り出し、八月から一〇月にかけての作戦で察哈爾省、山西省、河北省の主要都市を占領し、一二月末には山東省の済南を占領した。翌一九三八年三月末までには華北五省（河北省・山東省・山西省・察哈爾省・綏遠省）の主要都市を占領した。

華北は日中戦争開始後いち早く日本軍が占領した地域であり、その後抗日根拠地を形成した八路軍（中国共産党軍）に対する過酷な治安戦が展開された地域であった。日中戦争期に日本軍が華北で引き起こした虐殺事件（惨案）は一五四〇件余に達し、これは日本の中国侵略戦争期間に生み出された虐殺事件数の五分の二以上に該当する。そのうち一〇〇人から六四〇〇人までの住民集団虐殺は三七七件であった。虐殺された人々は二五万人以上にのぼった。

華北の五つの抗日根拠地（晋綏・晋察冀・冀熱遼・晋冀魯豫・山東）に関する統計では原有人口が計九三六三万〇三〇六人であったが、日中戦争における攻撃によって住民二八七万七三〇六人が殺害され、三一九万四七六六人が負傷し、強姦被害者は六二万人以上ともいわれる。(5) このような苛烈な治安戦は日本軍の華北支配の最大の特徴であった。

一方、華北諸都市の支配を開始した日本軍は、現地の政治家・軍人・官憲などを勧誘・脅迫して、当座は治安維持会を発足させた。その後一九三七年一二月末には北京に中華民国臨時政府が樹立され、治安維持会も地方政府に改められて、間接統治が進められた。さらに住民を占領政策に動員するための住民組織「新民会」を発足させ、新民会関係の諸団体・諸機構を数多く立ち上げた。また日本の治安戦に協力させるため、「治安軍」を始めとする様々な軍事組織も作られていった。華北民衆は、これらの組織や様々な運動に動員され、生活や文化面で様々な統制下に置かれたのである。（なお中華民国臨時政府は、一九三八年四月一七日に「北平」市を「北京」市と改称した。本稿では以後の呼称は引用の場合を除いては、便宜上「北京」に統一し、「　」を付さずに表記する）

一　治安戦と治安強化運動

（一）剿共・反共動員の展開

①治安軍・武装団体の創設と民衆動員

中華民国臨時政府成立後、臨時政府の治安部長となった斉燮元の下で、一九三八年五月の陸軍軍官学校創設を皮切りに、陸軍憲兵学校（同年九月）、陸軍軍士教導団（同年一〇月）、陸軍軍官隊（同）といった幹部養成機関設立が進められた。それを踏まえて、一九三九年一〇月に治安軍が設立に至った。治安軍の構成員には当初、軍官学校卒業生二六五名、准尉教育班卒業生一三〇名、軍士教導団卒業生などが含まれていた。治安軍の下級軍官はほぼ陸軍軍官学校卒業生（五期計二八五〇人）からなり、地理的には河北省、北京、天津出身者が多く、山東、河南、東北出身者が次いだ。治安軍兵士の階層的な出自の多くは農村の貧困農民、都市では社会最低層の平民であったが、無職の放浪者まで含まれていた。治安軍兵士のほとんどは貧困が理由で自発的に応募してきたとされる(6)。ただ日本側関係者の回想によれば、治安軍兵士の徴集には村落への「割当」による強制的な面があったともいわれる(7)。治安軍の規模は一九四〇年春には一・五万余人にまで拡大し、一九四一年秋には総兵力四・五万に増大した(8)。

治安軍創設の準備が進められる一方、大本営陸軍部は一九三八年一二月に占領地区内の「武装団体」を「排共の為の民衆組織の中核」とする方針を採り(9)、河北省東部のケースでは一九三九年に入ると保衛団・民団など既存武装組織が反共自衛団体系に組み込まれていった(10)。さらに一九四一年頃には国民革命軍の投降部隊で良好なものには「剿共軍」の名称を与え、治安警備を担当させ始めた。総兵力は約八〇〇〇で、河北省順徳付近と山東省萊陽に配置された。同年初頭には、大本営陸軍部は剿共軍などを含めて「北支治安軍約十万以内」との方針を掲げるに至っていた(11)。

北京での治安軍創設以外にも民衆の軍事的動員が進んだ。一九三九年末には北京・天津、冀東などで青年訓練所が一一五箇所置かれた。北京市の一一区にはみな青年訓練所が置かれ、訓練生一五〇〇人は各区の小中学校で、毎週三、四回の教育を施された。アジア太平洋戦争開始後には軍事訓練が主となり、村の包囲や抗日工作人員捕捉の実地演習も行われていった(12)。

②「滅共」「反共」への民衆動員

日本軍・日本が華北支配を行う上で、「滅共」「反共」は基本的なイデオロギーであった。北支那方面軍司令部は一九三七年一二月二二日に「軍占拠地域治安維持実施要領」を定めたが、そこでは「共匪ハ之ヲ徹底的ニ掃蕩ス　之カ為共匪地区ニ対シテハ討伐ト併行シテ宣伝其他ノ方法ヲ以テ防共思想ノ注入涵養ニ努ムルモノトス」と謳われていた[13]。共産党・八路軍を軍事的に殲滅すること（「剿共」）と、民衆への「反共」イデオロギーの注入は占領を安定化するためには不可欠なことであった。

一九三八年秋には北京を始めとして、華北各都市で大々的に「反共」キャンペーンが展開された。九月一八日には防共和平運動大会が北京の太和門で挙行されたが、そこには市内の中学生や教職員一万人、商会・工会・農会関係者など計約二万人が参加させられた[14]。さらに広東、武漢陥落を契機に「反共倒蔣」を喚起するため、一一月一六日から一二月一三日まで北京、天津、済南、青島、承徳、太原で「反共救国週間」が実施された[15]。これは一一月一二日に北支那方面軍が北京の黄城に北支那滅共委員会を発足させたことを受けたものであろう[16]。そして実施計画によれば、一一月一八日に北京の中央公園で「反共救国」大会を開催するのを皮切りに、一八日からの第一週は「宣伝週間」として「反共教育」を「市公署各機関……特に教育機関学校」で展開し、「反共理論」「新民主義」「日本政府の声明趣旨」の浸透を図るとした。一一月二五日からの第二週は「工作週間」として、「作品（反共に関する習字絵画作文手工）」「青訓強化（反共救国の主義を強調）」が課題とされた。一二月一日からの第三週は「工作及感謝週間」として、「反共救国作品展覧会」「反共殉難者追悼会」などの開催が計画された。一二月八日からの第四週は「工作完了週間」として、「四郊（北京城外の東西南北の郊区）保甲成立式」「反共塔落成式」が予定されていた[17]。

その間の中学校での取り組みを具体的に見るならば、北京市立第二中学校では「反共倒蔣弭兵（戦争停止）救国」「建設東亜新秩序」と書いた八尺の幕が門に掲げられ、事務主任は太和門での中央反共救国大会に参加し、学校では連日「反共救国」訓話がなされ、生徒は「反共論文」「反共作品」の提出を求められた。北京市私立中国学院附属中学校でも同様の取り組みの上、教員と生徒全員が反共救国殉難将士追悼大会に参加している。北京市立第三中学校では「反共倒蔣弭兵救国」の幕が掲げられ、校長以下全教職員が中央公園での反共救国大会に参加し、校長は教育局開催の反共救国大会へも参加した。また連日校長などによる講話がなされ、生徒には「反共論文」「反共習字」「反共図画」のための紙や「反共労作」のための材料が配付された。さらに「中小学生反共救国演説討論会」の開催、学校全体での「反共作品展覧会」参観と「反共救国殉難諸烈士」の公祭参列がなされた(18)。ほかの学校でもほぼ同様の取り組みがなされたであろう。

「反共救国週間」が展開されていた一九三八年秋になっても、華北での日本軍の支配は「点と線の支配」に限られ、「北京でさえ脅かされていた」と日本軍側が感じる状況にあった。そのため一九三九年に入ると第一期一～五月、第二期六～九月、第三期一〇月～一九四〇年三月と粛正作戦が相次いで実施された。しかし一九三九年度第三期には、共産党軍がきわめて強大化したと方面軍は認識せざるをえず、「討伐」の重点は共産党軍に置くこととなった。前年一九三八年一二月二日に大本営は、大陸命第二四一号を策定し、「占領地域」を「確保安定」することを課題としていたが、一九三九年を通じてその達成は逆に困難を増していたのである。一九四〇年八月に方面軍司令部は「北支一般ノ状況」として「国府党軍乃至共産党軍等飽ク迄抗日ヲ呼号シテ聖業ヲ阻ムモノニ対シテハ徹底的ニ降魔ノ利剣ヲ振ヒテ芟除剿滅スルコトハ確保安定具現ノ第一条件ナリ」と治安戦の強化を繰り返し謳わねばならなかった(19)。

一九四〇年八月には八路軍による百団大戦が展開され、それに対する北支那方面軍による大規模な治安戦が繰り広げられていくこととなった。その中で一九四一年二月末に開催された北支那方面軍管内参謀長会議において示達された同年度「粛正建設計画」においては、現地中国側の主体的活動に大きな期待が示された。すなわち第一の課題として掲げられた「北支治安撹乱ニ狂奔シアル共産党軍ノ剿滅」達成のために、「支那側行政機関ヲ育成シテ……治安確保ノ責任ヲ自覚セシメテ積極的活動ヲ促進スルコト」、「防共諸機関」に対しては「実権ト責任トヲ与ヘ」ること、「治安軍ハ……殆ト日本軍ニ依拠スルコトナク」治安確保に就かせることなどが謳われたのである。これは「日本軍ノ負担ヲ軽減シ　遂ニハ軍ノ肩代リヲ」させることが核心的な狙いであったが、「自治」意識を高めることが「治安確立ノ第一歩」であると強調し、「自衛団ノ武装化」を図ることによって「郷村自ラヲシテ共産匪ヲ駆逐シ治安ノ回復ニ寄与」することが期待されたのである。また示達の中で「粛正ノ重点ハ依然之ヲ剿共ニ置キ　施策全般ハ之ヲ模範地区地区特ニ北部北支及重要国防資源存在地区ニ指向」すると述べられたように、「治安確保」要求は日本の国防資源獲得を主眼に追求されていたのである[20]。

一九四一年には三次にわたる治安強化運動が展開され、治安戦に治安軍その他の中国人武装組織が動員されていった。一九四一年一一月二八日に第一一〇師団歩兵第一三九連隊長の長嶺喜一大佐は部隊配属憲兵、新民会職員などに対して、遮断壕内部は現地中国側武装団体に警備させ、また当連隊管区一三県の全郷村で保甲自衛団を結成し、「郷村自衛力」を強化すべきであると訴えた。そして「県知事、警察局長、警察分所長、新民会職員等ハ時々郷村ヲ巡視シ警鐘ヲ鳴ラシ敵襲ニ対スル動作ヲ検閲スルコトヲ要ス」とされた。さらに従来県城内で事務だけしていると非難されている新民会は、「新民会ノ護衛兵」である「武装青年訓練生」を率いて「郷村自衛力ノ強化ト共産地下勢力ノ剔抉ニ努力」せよと檄を飛ばした[21]。

保甲自衛団などへの比較的長期間にわたる訓練も繰り返し行われた。一九四一年秋の第三次治安強化運動期間中の一か月間に北京四郊では保甲自衛団員計八〇〇名に経済封鎖の補助と自衛力の充実を主眼とする訓練がほどこされた。一九四二年春の第四次治安強化運動では二週間、第五次治安強化運動では二か月弱にわたる訓練・軍事教練が実施された[22]。また山東省では第五次治安強化運動に際して、新民会は各地に「新民突撃隊」を組織し日本軍と共に掃討作戦を展開し、また「匪区」への火薬、油、食塩などの物資の流入を阻止した[23]。

（二）治安強化運動の展開

共産党・八路軍を殲滅するための「剿共戦」は、武力のみでは達成できないというのが日本軍の認識であった。支那駐屯憲兵隊司令部総務部長大野廣一大佐は回想の中で、日本軍はその認識から、「軍、政、経、思想などあらゆる工作を総合実施する」ため、北京中心部の黄城に発足した滅共委員会が「総力戦要綱とも言うべき『思想戦指導要綱』案」を作成し、それを方面軍で修正の上展開したと述べている。(24) これは滅共委員会が発足した一九三八年一一月から「思想戦指導要綱」が正式決定をみた一九四〇年四月にかけての状況を回想したものと思われるが、華北で展開された総掛かりの「対共戦」が日本側の指導の下に展開されていたことを明確に述べていた。

そして一九四一年に入ると、現地中国官民を総動員して治安強化運動が開始されていく。一九四一年二月一五日、北支那方面軍参謀部第四課は「『治安強化運動』実施計画」を策定した。計画では、「〔現地中国側〕軍、政、会各地方機関ハ其ノ地日本軍ト協定シ本運動ニ於ケル工作ヲ計画実施ス」、「各地ノ日本軍ハ其ノ地方ノ現況ニ即シ支那側ヲシテ自主積極的ニ治安強化ニ寄与スル如ク指導ス」と、日本が主導権を握りつつも現地中国側の主体性への期待が述べられていた。そして具体的には「1　自治自衛組織ノ拡大強化、訓練（共産党組織ノ剔抉破壊、行政機関職員ノ訓練、保甲制施行地区ノ拡大、戸口調査ノ一斉実施、自衛団ノ拡大及訓練、警備演習ノ実施、情報伝達、道路、城壁、電柱、壕、橋梁等ノ修築）　2　民衆組織ノ拡大強化（合作社ノ拡大強化、青少年団、婦女会、労工協会等ノ拡充訓練）　3　治安軍、警備隊等ノ前記1、2協力、自力又ハ日本軍ト協同スル討伐示威行軍等」と多様な課題を挙げたのである。(25)

この期待を具体化することを課題として一九四一年三月三〇日から四月三日にかけて実施されたのが第一次治安強化運動であった。運動開始前の三月一六日付で北京陸軍特務機関長松崎直人代理鳥飼恒男が北京市長に宛てた「治安強化運動実施計画案」によれば、本計画は日本軍の通牒にもとづき、北京特別市公署及新民会北京市総会と官民が協力して運動計画を立案するとされた。そして北京特別市公署は「非常警戒演習」「尾行訓練」「戸口調査の徹底」などを担当し、新民会北京市総会は市内外で各家庭の生計調査や戸口調査などを担当するとされた。(26) また期間中は華北の

「政、軍、会（新民会等）」各機関と民衆が治安強化工作にあたるとされ、新民会は運動の中軸を担う存在として位置づけられていた(27)。運動期間中、学校では毎日教員と学生に対する調査まで実施された(28)。また警察の下では「非常警戒演習」「警犬演習」といった演習に加えて、「郊外警備路修理」まで運動の一環で実施され、修理には市民五三六四人が「参加」させられた(29)。

　第一次治安強化運動終了直後の四月六日には、北京憲兵隊戸口調査本部から戸口調査要員に対して指示事項が発せられ、引き続き戸口調査が行われていった。戸口調査では共産党・国民党・その他抗日組織と関係があるとみられた人物を徹底的にマークし、その人物に関する情報が収集され報告された。また弾薬・火薬・毒薬・劇薬・薬物・無線などの物資の摘発にも力が入れられた(30)。山東省費県のケースでは、城内では夜に門を閉じることは許されず、日本軍は「戸口調査」の名目で家に入り、強姦や殺害をやりたい放題だったとさえ当時の『大衆日報』（一九四一年七月二八日付）で報じられている(31)。

　第一次治安強化運動は実施期間は一週間と短かったが、前述のようにその後も戸口調査などが徹底される契機となったのであり、治安強化運動の幕開けとしての機能は果たしたといえるだろう。しかし一九四一年七月時点で北支那方面軍の判断によれば、華北で日本軍の支配が安定している「治安地区」は約一〇％、共産党が支配する「抗日根拠地」が約一〇％、残りの八〇％は両者の支配が錯綜している地帯（うち約六〇％が日本軍の支配が比較的浸透している「准治安地区」）とされており、日本軍支配地域はさほど拡大していなかった(32)。

　おなじ七月に上奏資料としてまとめられた「北支那方面軍状況報告及び同別冊」の「政務関係諸工作進捗ノ概況」は「新民会ヲ強化シ中共ノ党部ニ対抗」させ、また紅槍会・黄槍会・哥老会・青幇などの「農民封建団体」を「反共ニ結成《ママ》シ自治自衛ノ施策ニ併用シ活用シツツアリ」と述べていたが(33)、新民会や農民団体を地域における「剿共」の最前線に置くことが「自治自衛」の中味であった。

一九四一年七月七日から九月七日までの二か月間展開された第二次治安強化運動においては、その方針がさらに推し進められ、河北省では政治工作隊、山西省では対抗共産軍自衛団、山東・河南省では興亜剿共軍団といった組織がそれぞれ一〇〇〇人を上まわる規模で編成された(34)。

一九四一年一一月一日から一二月二五日に実施された第三次治安強化運動は共産党根拠地に対する徹底的な経済封鎖が特徴であり(35)、新民会も「滅共重点地区への生活必需品の封鎖等の業務に尽力」(36)し、抗日根拠地に打撃を与えるのに一役買った。北京では各城門に数十名の警官が配備され、武器弾薬や軍事資材・生活物資の城外への持ち出しが取り締まられた(37)。また北京城内では一般民が家や身の回りの物を検査され、「統制」「配給」違反で逮捕・処罰されるケースも現れた。さらに北京城外近郊八県には検査所七四箇所と二三の封鎖線が設けられた(38)。

第二次治安強化運動に際して、北京市では各部全職員に対して「経済封鎖」「自給自足」「自治自衛」といった課題を周知しているが(39)、衛生局では職員に認識を徹底するため、各衛生区の事務所所長に職員に対する講話を行わせていた。第一衛生区の代理所長の講話では、治安強化運動で「最も重要な対象」は「土匪」であるとし、「土匪」は財産を奪い、妻を奪い、焼き・殺し・姦し、略奪すると非難した。そして我々は「土匪」を打倒しなければならず、そのために戸口調査によって「土匪」が隠れる場をなくし、彼らに一切の食料品が供されないようにすべきであり、治安強化運動で大事なのは「共匪」の剿滅・治安維持であると断じた。第二衛生区事務所所長は、運動の目標は「経済封鎖」と「綱紀粛正」であり、「綱紀粛正」は治安強化運動上必要なことであると説いた。第一衛生区での講話は、内容の具体性という点では突出したもので、他区の講演には第二衛生区のようなものが多かった。ただ講演原稿は手書きでそれぞれ文面も異なっていた(40)。これはそれぞれの事務所毎に講演原稿が作成されたことを示しているといえよう。

第三次治安強化運動中の一九四一年一一月二八日の長嶺喜一大佐の口演でも、山地経済封鎖について、「支那側諸機関ノ活動ハ未タ見ルヘキモノナシ〔、〕此際諸君ハ保甲制度ニ依ル封鎖ノ監視及監察機関並販売統制機関ノ活動ヲ促進シ以テ封鎖ヲ完全ナラシメ」ることと[41]、経済封鎖の徹底が強調されていた。

一九四二年三月三〇日から六月一五日まで実施された第四次治安強化運動では、「思想戦」も重視されたが、それを展開するルートは多様に追求された。河北省保定道ではキリスト教・儒教・回教など宗教団体の講習会、婦女宣伝隊・青年宣伝隊の発足と活動、青年大会・学生大会・士紳座談会・民衆大会といったものを通じて、「東亜新秩序」「東亜解放」「剿共自衛」などのイデオロギーの浸透が図られていった[42]。

一九四二年一〇月八日から一二月一〇日まで展開された第五次治安強化運動では「軍事工作と協調した文化工作」が特徴であった。華北政務委員会の「第五次治安強化運動宣伝計画」は「治安地区」と「准治安地区」を今次運動の宣伝工作の主要対象とし、特に青少年への宣伝に注意し、「対各公会、結社及び知識階級宣伝」を強化するとしていた。具体的には学校・宗教団体・新民教育館・図書館・茶社・閲報処などを利用し、演説・座談会・巡回講演・スローガン掲示などが実施され、ラジオ放送にも力が入れられた。山東省では、日本語学芸会・展覧会・中日語交歓講演会なども開催された[43]。

一九四三年においても経済封鎖の徹底が強調された。第六二師団「対敵経済封鎖要領」によれば、「封鎖線における検問検索及び非違物資の押収処分は主として中国側警察、保安隊その他武装団体をして実施せしむ」とした上、新民会及び合作社指揮下の団体機関、保甲自衛団を動員し、「民衆」には迅速な情報提供を求めるとの方針がとられていた[44]。中国側の諸機関・諸団体・民衆にいっそうの関与が求められていったのである。

治安強化運動というネーミングからは、暴力的な「掃蕩」・弾圧あるいは、遮断壕や無人区化の創設、経済封鎖といったことがイメージされるが、根幹はそれらにあったとしても、北京市の状況を見るとそれだけにとどまらない側面があったことも指摘しておきたい。

一つは治安強化運動が、北京市の各局などが総動員される形で展開されたということである。第四次治安強化運動の本部構成を見ると社会局・警察局・財務局・教育局・工務局・衛生局・公用総局・宣伝処・区監処・牲畜管理処・賽馬舎が参加していたことがわかるが、それらの各局は活動内容とその期間・日時について詳細な計画案を作って参加していたのである(45)。

そしてその総動員の中で、各局は「治安強化」という名目からはかけ離れたともいえる活動を課題に掲げて取り組んでいたことも興味深い。例えば第二次治安強化運動に際して、衛生局は市民健康検査・牛乳検査・水質検査・公共の場(飲食店・銭湯など)の衛生検査・井戸水消毒・消毒・防疫工作(予防注射・検疫)といった業務が課題とされていた(46)。社会局は第三次治安強化運動に際して、全市物資需供調査、配給実施方法整備、学徒生活改善への商店の協力、第四次治安強化運動に際しては電灯・電線・電柱の危険予防などを課題に掲げていた(47)。牲畜管理処・賽馬舎においては「剿共自衛」として、牛羊市乳衛生検査、炭疽予防注射、畜犬咬傷被害者の救済、狂犬病予防注射への取り組みといった業務が課題とされていたのである(48)。

さらに各局の実施項目には「生活規律化」「商業上の不良慣行の改革(49)」「綱紀粛正」「事務の敏捷化」「自発的貯蓄習慣の養成(50)」といった、中国人の行動・生活様式の改変までもが掲げられていた。この点が日本側からの指示に由来するのか、国民政府が一九三〇年代に行っていた生活改良運動あたりに由来するのかは判然としないが、このような面まで含めて治安強化運動が展開されていたことの意味はさらに検討する価値があるように思われる。

治安強化運動が各局総動員で展開されたということは、各局に属する多くの職員が運動に参加することを不可避とされ、詳細な計画書の作成と、計画の実施、事後の報告書の作成を求められ、それを遂行していたということである。そこにどれほどの能動性があったのかは今は史料的には検討のしようがないが、社会改良的な側面については、一定の能動性が発揮されていたのではないかと私は推測している。

二　動員と統制下の民衆

（一）新民会の活動

一九三七年一二月二四日、中華民国臨時政府の支持基盤、ひいては日本による占領支配への支持基盤として、新民会が創立された。新民会の綱領には、新政権支持、産業開発、東方文化道徳の宣揚、「剿共滅党」、隣国との提携の五点が謳われていた。これらの課題の担い手となる会員は、当初は「中国青年党」「冀北時事聯盟」「東亜塾」といった既存政治団体の合流・統合や[51]、都市部での既存職場組織の分会への横滑りによる「教育分会」「新聞工作者分会」「ビール職業分会」などの設置、農村部での保甲、自衛団及び「青苗会」「連庄会」などを母体とした分会の設置によっていた[52]。

新民会の会員数はのちに華北で三六四万三一九九人（一九四二年一二月）にまで達したが[53]、一九四〇年三月の宣撫班との合流までは比較的厳格な入会手続きが取られていた。それは紹介、申請書記入、宣誓など二一の段階を踏んだともいわれる。この時期入会した人の多くは、失意の政客・日本語ができる教師・知識青年などの都市住民であった。宣撫班との合流後は会員拡大工作が猛烈に進められ、多くの人々がなだれ込むように会員になっていった。勧誘にとどまらず、脅迫されて入会するケースもあった。また新民会の傘下に収められる団体や外郭団体も増えていった。山東省のケースでは一九四〇年六月時点で、山東新民会に隷属する団体は、青年団・少年団・少女団・婦女団・女子青年団など四二三団体で、その加入者数は一三万七二三二人にのぼり、それ以外にも職業・学術・文化・宗教・公益の五分類で、外郭団体が設置されていった[54]。なお農村部での分会幹部には、反動地主や商人・官吏・軍人・警察官などが就くことが多かった[55]。

新民会は臨時政府の支持基盤であり、実態的には日本支配の支持基盤たることを期待されていた。そのため指導者養成は不可欠であり、北京に中央青年訓練所が置かれたのを始め、各地に訓練所が置かれた。失業中の生活苦から北京市宛平県維持会に参加したある人物は、新民会中央青年訓練所で三か月、日本語と体操、さらに「大東亜共栄圏」「建設東亜新秩序」「中日親善」などの思想を叩き込まれた後、宛平県新民総会の仕事に就くことができた[56]。中央青年訓練所においては一九三八年五月から一九四三年九月までに、二〇〇〇人以上が訓練を受け、うち八〇％が新民会で仕事に就き、さらにそれらの多くが各級新民会の要職や政府・軍などに従事していった[57]。

新民会の諸活動の多くは分会を単位として実施されたが、分会間の連携を強化するため、分会連合協議会が頻繁に開催された[58]。また農村では分会設立後、自治講習会・建設補導会・新民問事処・新民茶館・新民閲報室といった場を通じて、農民への影響力の浸透が図られた[59]。山東省のケースでは一九四三年六月の統計では、新民会の機関は、教育館が一〇五箇所、図書館が六六箇所、講演所が一一五箇所、訓練所五九箇所、閲報所二〇二箇所、新民学校一三六箇所にのぼった[60]。

さらに一九三八年三月一三日に、新民会は「新民合作社暫行経営要領」を発布し、以後華北各地に合作社が設立されていった。合作社は戦前の日本における産業組合に近い組織であり、農業に関わる幅広い事業を展開したが、加入は出資制を採るところが多かったため、貧農の場合加入できないケースもあった。合作社は一九四三年末までに郷村合作社約二万七〇三四社、社員約五四〇万四三七二戸に達した[61]。

新民会の訓練機関としては新民学校があったが、それ以外に郷長訓練所・司計院培訓班・事務員訓練班・保甲長訓練所といった様々な訓練機関が設けられた[62]。

新民会の主要な活動は思想教化であり、それを達成するための手段が宣伝活動であった。そのため新民会は中央には宣伝局、省市には宣伝処、道県には宣伝班を置いて宣伝を展開した。山東省のケースでは一九三九年七月以降宣伝班の設置が開始され、省内九五県中九一県に宣伝班と宣伝員が置かれていった。職員には元県政府教育科職員や臨時雇用者が多かった(63)。

新民会は宣伝のため印刷物やラジオ放送、映画といったメディアを多用した。新民会中央が発行した機関誌としては『新民報』(中国語)、『新民会報』(日本語)があったが、山東省の『山東新民報』『青島新民報』や、河北省唐山市新民会の『新民教学半月刊』のように地方版も出されていた。また蘆県青年訓練所の『新蘆青年周刊』のように青年訓練所の機関誌も出されていた。それ以外にも『青年』『首都画報』『青年呼声』『教育月報』『模範村』『新良郷月刊』『新民月刊』『新民精神』『新民主義』『新民会講演集』『新民会是作什麼的団体(新民会は何をする団体か)』など、読者層や地域毎に多種多様な出版物が発行されていた。そしてそれらの出版物を広報するために各地に「新民閲覧室」を開設し、三輪車に木箱を一つ置いた「巡回図書車」を走らせたりもした(64)。

その一方で新民会は「社会主義」「共産主義」「マルクス主義」「抗日」「国民党」を肯定する図書や雑誌を排除していった。新民会中央総会はそれら六万数千冊の禁書目録を作成し、華北各省・各地方の新民会総会に検査や没収を厳格に実施するよう指示を発し、一九四〇年七月の北京「興亜」記念週間には市内各書店で抜き打ち検査を実施させた。一九四二年一二月九日までに北京図書館では四万五〇〇〇冊が焚書の対象となった(65)。

新民会は市民を対象に講演会も盛んに開催した。北京各所に建てられた「新民教育館」や「新民茶社」では毎週講演が行われたが、聴衆はまばらだったため講演ではなく演芸や演劇を増やして聴衆を獲得していった。また新民会では「新民映画班」を設け、親日反共のニュース映画を製作して各地で放映した(66)。

比較的新しいメディアであったラジオも宣伝に多用されていった。例えば一九四二年三月三〇日から六月一五日にかけての第四次治安強化運動に際しての天津放送局の記録によれば、連日「治安強化運動の目標」「剿共自衛」「大東亜解放の意義」「八路と闘ふ村々」などといったテーマでの解説や論説が放送されていた[67]。山東省では占領後に日本は済南、青島、煙台に放送局を建設、中国語と日本語での放送を展開した[68]。

前述したように各種学校の学生や児童達は様々な形で動員されたが、一九三八年一〇月には北京で大学生・中学生・小学生の講演コンクールが開催された。テーマは「新民主義」「新民会」「東亜新秩序」などであった[69]。

新民会が民衆を動員していく上では、新民会が民衆になんらかのメリットを与えることは不可欠であった。その点で重視されたのが生活福利・医療の提供であった[70]。民衆の側からしても医療の提供を受けることはメリットがあったはずだが、民衆の反応は芳しいものばかりではなかった。一九三九年に河北省保定道各県で新民医院と診療所が開設されたが、民衆の新民会への反感が強く、通う患者は少なかった[71]。

新民会は民衆を様々な名目で動員した。それは「動員」であったり、「記念」であったり、「宣伝」「旅行」「献鉄」「献銅」「国防献金」「慰労金」「救国貯蓄」「護路」「修路」などであった[72]。これらの多くは労働力や財産を搾取されるものであったといえる。また新民会が食糧や生活必需品の配給機関となったことは、新民会が実施する動員を民衆が拒否することを難しくしていたであろう。

さらに軍に対する献金は体のいい収奪であったが、これも各地で展開された。一九四一年六月一四日、北京で新民会分会長会議が開催されたが、そこで「興亜献機運動」が発議された[73]。その発議との関連は判然としないが、一九四三年には華北民衆参戦献機運動委員会が誕生し、一九四三年三月一日から四月三〇日まで運動が展開された[74]。こうした運動の結果、一九四二年三月から一九四四年三月にかけて北京市公署と華北政務委員会は飛行機七〇機と金属製品、銅を日本軍に献納した[75]。山東省青島市の場合一九四三年六月一五日から八月一四日の間に二万一五〇〇元余が日本軍に献金され、さらに一九四四年三月までに三二機の飛行機を買える額に相当する金と物資が献納された[76]。こうした様々な献金は幼稚園児にまで求められていった[77]。

一九四四年三月、華北政務委員会は第二次華北新建設運動を開始し、増産を民衆に呼びかけた。新民会はそれに全面的な協力を表明し、「銅鉄回収」「食糧確保」「増産救民」「秋耕奨励」「節約提唱」への取り組みが進められた。新民会では強制的な「献銅献鉄運動」まで展開するようになった。(78)

（二）統制・監視下の市民生活

①占領下の記念日

日本軍の占領下で民衆はどのような生活を強いられたのかを、動員や統制の点から見ておこう。まずは記念日・記念行事の類いである。一九三八年七月七日、この日は「中日事変一周年記念式」が開催され、それに合わせて北京のダンスホール・飲み屋・喫茶店などはすべて休業とされ、一方新民会が催した各種講演や演芸などは「親日反共」の内容であふれた。(79)天津では、毎月一一日は「滅共日」とされ、さらに一九四一年八月からは毎月一・一五日が「自粛自励運動日」とされ、公私宴会が禁止され、冠婚葬祭時の消費の標準が設けられた。(80)

市民は日常の言動の監視にも気をつかわねばならなかったが、各次治安強化運動期間中はことさらであった。天津ではそれらの期間は「非常警戒態勢」がとられ、軍・警察・憲兵隊・特務と保甲人員が主要な道路で警備につき、市民の言動・生活及び思想状況についての調査も展開され、嫌疑者がいれば家宅捜査なども行った。(81)

「防諜」も市民に徹底が求められたことの一つであった。北京市では一九四二年の第四次治安強化運動に際して、社会局と市商会など七二団体がそれぞれ「防諜」宣伝講演会を開催した。大半の講演会の参加者数は数十人規模であったが、一〇〇～二〇〇人規模のもあり、参加者数が判明するかぎりでは電車公司の一二〇〇人が最多であった。(82)また同時期、各警察分局では「防諜民衆大会」を開催するとともに、五月一一日から二五日の間、二二〇〇人の良民証を携帯しない通行人を摘発している。(83)

②戸口調査と保甲制の整備

共産党・八路軍関係者の捕捉のため戸口調査を行うことは、日本占領下の一貫した方針であった。北京では日本軍は占領後まもなく治安維持会を発足し、警察による戸口調査を開始させた。北京郊外での戸口調査も実施された。銃や火薬などの所持も調査され、市民の密告なども利用された[84]。一九四〇年四月に北支那方面軍が策定した「思想戦指導要綱」別冊「華北ニ於ケル思想戦指導要綱附属書」においても「徹底的ニ戸口調査ヲ行フト共ニ、適時検問検索ヲ実施ス」とその継続を掲げていた[85]。一九四一年以降の治安強化運動の際には毎日実施させることもあった[86]。一九四四年に入っても北京市では全市に精密な戸口調査を実施する方針が採られ[87]、六月末から保甲幹部人員に施された二週間の訓練でも戸口調査は重視されていた[88]。

住民を把握するための保甲制は日本占領以前から存在していたが、日本占領下で住民の監視と動員を行うためにさらに整備が進められていった。一九三八年七月から八月にかけて冀東で大規模な抗日武装起義（冀東人民抗日武装起義）が発生した後、冀東では保甲制度がかなりの地域で推し進められた[89]。その翌一九三九年の四月二〇日、北支那方面軍司令部は「治安粛正要綱」を決定したが、その第三〇条には保甲制度の拡充による自衛能力強化が謳われた[90]。それを受けて七月二六日に臨時政府が保甲条例を公布した。第一条は戸口調査を徹底し、民衆の自衛能力を増進し、清郷工作を完成すると謳った。一〇戸で甲、一〇甲で保を形成するとされ、自衛団の統帥及び訓練は保長・戸長の職責とされた。また一八歳以上四〇歳以下の男子は基本的に保甲自衛団に入団すると定められた[91]。

一九三九年九月六日には臨時政府治安部により保甲自衛団訓練綱要が発せられ、団員は戦闘訓練などの術科と学科を学ぶとされた[92]。河北省灤県のケースでは五週間にわたって術科と学科が保甲自衛団に課せられていたことがわかる[93]。保甲長に対しても、軍隊・警察が「匪共」を排除し地方の治安を確保するのを補助させるためとして、保甲・戸口調査・自衛・防共についての「学科」と、自衛団国術（中国武術）・保甲体操といった「術科」教育を施した[94]。

天津では一九四〇年三月に天津市警察局保安科に保甲を担当する専門科を設置したが、保甲が警察と密接に結びつきながら戸口調査などをしたことが窺われる。また天津市では一九四二年に一〇〇〇人からなる保甲自衛団を編成しそれを九個区隊にし、警察分局長と連保首任がそれを統率する態勢がとられた(95)。冀東では保長は毎日名簿を持って区域を巡察し、八路軍との関わりが疑われた者を連行していった(96)。

一九三九年から一九四〇年にかけて保甲の整備が華北各地で進められたが、山東省の場合、一九四〇年には二万二一四八の保、三五万六一六〇の甲、自衛団員三〇万七一六四人であったのが、一九四二年末には五万四八四八保、五五万二五三一甲、自衛団員三四万七六九〇人と拡大していった(97)。河南省の場合一九四〇年八月一三日には保甲に連座規定も導入され、「敵」に通じたり、「敵」を匿った場合は、連座責任を追及されることとなった(98)。

③悪化する食糧事情

日本占領下の生活状況を考える上で、食糧事情は外せない問題である。都市部での食糧事情の悪化を象徴するのが「混合麺」と呼ばれたものである。日本が質のよい穀物を収奪していったことから編み出された一種の雑穀粉であった。当初は粟、高粱、トウモロコシ、豆類などからなり、まだ食べられるものだった。しかしその後、砂混じりのものが出回り始めた。これは穀物商が指示された提出量を満たすよう穀物囲みの底の土まで混ぜざるをえなかった結果と見られたが、戦争末期には穀物の成分はほとんどなくなり、トウモロコシの皮や芯、どんぐり、米ぬか、ホコリの類いがその中味となっていった。混合麺を食べて、腹痛・下痢・便秘に見舞われる者も出る始末だった(99)。占領体験の苦々しさを深く記憶に刻み込んでいるのがこの「混合麺」である。ちなみに上海では「文化粉」と呼ばれるものが同様の代物だった(100)。

日本軍が治安強化運動や三光作戦によって農業生産を破壊する一方で、華北の穀物類を大量に収奪していったことが、北京の食糧不足を生んだ最大の要因であった。日本軍が抗日根拠地に対する封鎖を行ったことも、都市部と農村部間の正常な流通を減少させることとなった。さらに一九四〇年代初めは華北で干ばつが続いたことも、北京の穀物不足に拍車を掛けた。こうした食糧事情から一九四二年春から夏にかけて、人心は「恐慌状態」を来したとさえいわれる。

中国人に餓死者が生じ、中には日本軍馬の糞に残る豆を食べる者もいたとされる一方で、日本人と漢奸は白米を食べていたという食糧事情をめぐる大きな格差が存在した。一九四二年一二月初めには北京市民が西直門食料庫を襲撃するという事件まで発生した。

戦争末期には、人々は穀物商の前に行列をなし、人々は先を争い殴り合いが起きるまでになった。それを止めるために来た警官は群衆をなぐって弾圧した。長時間並んだにもかかわらず結局買えないままに終わることもあった。戦争末期には北京、天津、石家荘、太原などでも餓死者が出るようになった。一九四三年冬の北京における凍死・餓死者は毎日三〇〇人以上であったとさえいわれる[101]。餓死者が出たのは都市部だけではなく、日本軍が設定した「無人区」でも生じていた。例えば北京東方の河北省遵化県では、占領下での凍死・餓死者は五七〇人にのぼった[102]。

三　戦争末期の治安戦と動員

（一）新国民運動の展開

一九三九年末、汪兆銘・国民政府樹立が検討される中で、北京の中華民国臨時政府をどう吸収していくのかが一つの争点となった。結局汪政権発足に向けた秘密了解事項において①防共及び治安、②日本が必要とする国防資源の開発利用・物資需給、③日本人顧問及び職員の任用などについては国民政府から華北政務委員会への委任事項とされた[103]。そして翌一九四〇年三月三〇日に公布された華北政務委員会組織条例は、国民政府は河北・山東・山西三省及び北京・天津・青島三市境内の防共・治安・経済などの政務の処理、及び各省市政府を監督するために華北政務委員会を設置するとした[104]。華北政務委員会は中華民国臨時政府が名前を変えたに過ぎないといえるほど、汪兆銘政権からの独立性を保持していたといえる。

一九四一年には華北の日本軍と華北政務委員会が治安強化運動を展開し始めたが、第三次治安強化運動が展開されていた一九四一年一一月、南京の汪兆銘政権は新国民運動の旗揚げをした。新国民運動を分析した堀井弘一郎は、運動は重慶政権の新生活運動をモデルに始められたもので、運動では国民に対して「滅私奉公、善行と節約、儒教道徳」などが説かれたとしている[105]。

汪政権はこの新国民運動を華北でも展開させる働きかけを強め、一九四二年八月一七日に華北政務委員会内務総署は「新国民運動振興綱要」を公布し、汪政権と歩調を合わせる形となった。一〇月二七日には新民会の全体連合協議会が新綱領を採択し、「新国民運動を展開し、新国民組織を完成させることは新民会の基本工作方針」であると謳った。そして一九四三年一月九日に汪兆銘南京国民政府が参戦してから間もない、二八日に汪政権によって新国民運動促進委員会組織条例が公布されて委員会が発足し、委員長を汪行政院長が兼任した[106]。さらに汪兆銘は新民会の名誉会長に就任し、逆に新国民運動促進委員会に、華北政務委員会の王揖唐委員長と周作人教育総長が常務委員として参加することとなった。

この一九四三年一月に華北政務委員会と新民会はこの年を新国民運動実践年と定め、「清郷」「清政」「清毒」の「三清運動」を第一の課題として数か月間にわたって運動が展開された。華北政務委員会側では運動の結果、治安確保・吏道刷新・煙毒禁絶は顕著な効果を上げたと自己評価し、一九四三年下半期は「剿共建国」「増産救民」「粛正思想」「革新生活」の四大目標を掲げて、八月二〇日から翌年一月九日まで運動を展開することとなった。この目標のうち「剿共建国」については、反共武力諸団体・民衆団体・青少年団・保甲制度を動員することが定められた(107)。そして八月二四日には新民会と華北政務委員会連合で新国民運動実践要綱が発表された(108)。

また北京独自の取り組みもなされたようで、「民国三十二（一九四三）年度下半期北京市新国民運動実践要綱」は「本年度上半期の基礎作業以来偉大な成績と普遍的な効果を既に収めた」と述べた上で、七月からの実践計画について「北京市民の決戦動員体制の拡充」「北京市民の剿共体制確立」という二つの目標を掲げた。そして実施要領としては七月九日の参戦記念日を契機に、第一期は「責任を負い」「紀律を守る」、第二期は「同義を重んじる」「勤倹を重視する」、第三期は「国家への忠義」「東亜への愛」をそれぞれ実践する時期とした(109)。

そして「民国三十二（一九四三）年度下半期北京特別市新国民運動第一実践期実施細則」では増産救民運動の展開、政府食糧政策運動への協力、自衛警防運動、国民勤労運動、戦時生活革新運動、公共道徳振興運動といった諸運動が展開されることとなった(110)。この公共道徳振興については、警察・新民会・電車会社・工務局・衛生局・劇場など諸機関・業者に実施が呼びかけられ、例えば電車公司では電車及びバスの乗客秩序整備、衛生局では市街清掃の課題が掲げられた(111)。

一方、新民会は「新国民運動決戦生活日実践要綱」を策定し、一九四三年一二月からは毎月八日と九日を決戦生活日と定めて政治生活の実践として、防空・防諜・拒毒・廃品回収・鋼鉄献納・不適切な消費の回避などへの取り組みが提唱された(112)。また毎月八・九両日の一一時五九分には、華北各省では人々はその場で直立して、「大東亜戦争勝利」の黙祷を一分間行うとされ、その日は簡素な食事と禁煙・禁酒・徒歩・一切の宴会と娯楽停止が励行された(113)。

一九四四年、一九四五年も新国民運動は継続され、「民国三十四（一九四五）年度決戦新国民運動実施要綱」は「剿共建国」「増産救民」「粛正思想」「革新生活」と変わり映えのしない目標を掲げて運動を展開した(114)。ただ「救民」

という言葉が入っていることは注目すべきかもしれない。既に一九四三年一〇月二六日の新民会の第五回全体連合協議会では「救民」「保民」「養民」に重点を置く方針が掲げられていたが[115]、その頃には民衆生活の疲弊振りが新民会でも看過できない状況になっていたということであろう。

（二）占領支配の限界

日本軍が推し進めた治安強化運動における経済封鎖は抗日根拠地経済に打撃を与え、根拠地の縮小に一定の効果を発揮した。しかし経済封鎖は日本軍支配地域、ひいては日本軍自体にもダメージを与える諸刃の剣であった。北支那方面軍参謀部第三課田邊少佐が一九四三年末に認めた「日華同盟条約締結ヲ機トシ対支処理根本方針ノ結実ヲ促進スル為ノ経済方策ニ関スル意見」では「現行ノ封鎖乃至ハ交易制限ノ方式ハ、労シテ効ナイノミナラス、敵地区就中、中共地盤ヨリ奔放ニ操作スル価格政策ニ依ツテ自ラ受ケ身□□〔トナ〕リ、好ンテ彼等ニ好餌ヲ提供スル結果トナツテキル[116]」と指摘されていた。一九四四年四月には北支那方面軍参謀部も「対敵経済封鎖ハ動モスレハ封鎖線ニ接スル地区ノ物資交流ヲ阻害シ民生ヲ圧迫スル虞レ大ナル」との認識を記さざるをえなかった。また検問を中国側に実施させた場合、「検問検索ニ藉口シテ金品ヲ強要シ或ハ収賄ニヨリ不当ノ物資搬送ヲ黙過スル等権力ヲ悪用シテ民心ヲ離反セシメ或ハ封鎖線ノ効果ヲ減退セシムルコト多キ」といった腐敗もまき散らすようになっていた[117]。

一九四三年五月五日に華北政務委員会は「手持ち余剰食糧の申告と適正価格による収買」に関する布告を発した。それから間もない五月二〇日には華北政務委員会は「華北民生の安定を期する食糧の集荷、剿共推進方策の二大問題を早急に解決することが、兵站基地華北の総力発揮のため喫緊事である」との認識を確認し、布告の徹底を図り、物価不均衡是正と闇市場の取り締りを実施をした[118]。この頃には華北の兵站基地としての確保が民衆の食糧確保という欲求と矛盾を引き起こしていたことが、日本軍や華北政務委員会においては明確に認識されていたのである。しかし一九四四年になっても日本軍は、食糧及び棉花の「収荷ノ成否ハ直チニ戦争完遂竝ニ重要産業ノ生産力ニ重大ナル影響ヲ与フル」といった認識[119]や、「北支の戦略物資を徹底的に集めて、できる限り多く日本に送り戦争遂行に資する」といった認識に立っており[120]、戦争遂行のための収奪こそが最大の課題として追求されていたのである。

この間華北を含む中国戦線から南方への兵力移動が進んでいったことは、傀儡軍事組織への依存度を高めることとなった。大本営陸軍部は一九四三年三月六日に「支那側武装団体整備竝指導要綱」を北支那方面軍が隷属する支那派遣軍に示達した。そこでは「支那側武装団体」の「整備、錬成竝運用ノ大綱等ハ実質的ニ日本軍之ヲ統制ス」とし、「正規ノ軍隊」としては「イ　国民政府（汪政権）直轄軍隊　約二十五万以内」「ロ　華北治安軍　約十万以内（剿共軍等ヲ含ム）」「ハ　蒙軍　約一万以内」と規定し、「正規ノ軍隊以外ノ武装団体」は「地方毎ニ決定ス」とした[121]。

さらに一九四三年五月末には華北政務委員会は「保安隊条例」を制定し、警備隊を保安隊と改称・再編したが、これは県警備隊を中央において統一し、指揮の一元化図るものであった[122]。保安隊は「共匪」を討伐し治安を維持するための「地方武力の基礎」として位置づけられていった[123]。一九四三年八月に北支那方面軍が作成した、「共産軍根拠地掃討別抉ノ参考」の「敵根拠地施設ノ偵知要領」では、「捕虜及住民訊問ノ為多数ノ通訳及腹心ノ優秀ナル密偵ヲ同行シ直接訊問セシム」とし、さらに敵性村落攻撃実施後に行う「掃蕩検索」には情報提供者を連れて行くが、その場合「保安隊、協力部隊等支那側武装団体ヲ同行セシムルヲ有利トスルコト多シ」と述べられていた[124]。日本軍の治安戦にはこのようにして保安隊や通訳や密偵が動員されていたのである。

そして日本軍においても、一九四三年九月には北支那派遣憲兵隊を再編して遊撃戦力として期待される北支那特別警備隊（北特警）を編成し、新民会指導下の二一諸団体による「華北民衆団体反共大同盟」を結成するといった軍事編成の強化を行う一方、同月から「冀西作戦」「冀東地区粛正戦」「津渤地区粛正戦」「旧黄河河畔粛正戦」「十八秋魯西作戦（武号作戦）」「魯西北地区粛正作戦」「十八秋魯中作戦（第一号作戦）」「魯北粛正作戦」といった治安戦を河北省・山西省一帯で展開した[125]。このような治安戦の飽くなき追求は一九四三年九月一日に岡村寧次方面軍司令官が「中共勢力剿滅」の第一要件は「敵ヲ慴伏セサルナキ皇軍威武ノ完成ナリ……即チ敵ヲシテ『日本軍真ニ恐ルヘシ』ト為」すことであると部下に訓示した方針の表れであったといえる[126]。

さらに華北政務委員会による剿共として、一九四三年一一月二三日には北京南方の准治安地区の要地である覇・永清・安次・固安の四県を「政務委員会第一直轄行政区」に指定したが、これは北支那方面軍参謀山崎中三郎中佐の回想によれば、「純然たる中国人の手による模範剿共地区建設をテスト式に実施」したものであった[127]。さらに委員会は一二月七日に第一直轄行政区保安隊指揮部を全区保安隊の最高指揮監督機関として設置し[128]、一二月一八日には華北剿共委員会総会を立ち上げ、華北全区の剿共事務の指導監督を担当させた[129]。民衆を剿共戦にいっそう徹底的に動員する態勢づくりも継続されていたのである。

治安確保に向けた日本軍の試行錯誤は一九四四年にも引き続き行われた。北京・石門地区では毎月「剿共連絡会議」が開かれ、聯荘自衛団・民兵・剿共挺進隊などの結成、治安村の建設、愛路工作の改善・拡充、新民会青少年団の訓練などの取り組みも進められた[130]。

このような取り組みが重ねられても、戦略物資収奪の前提となる治安状況は悪化の一途を辿るばかりであった。北支那方面軍第一課高級参謀寒川吉溢大佐の回想によれば、一九四四年秋において、「方面軍占拠地域である三特別市〔北京・天津・青島〕、四〇〇県において、治安良好とみられるものは三特別市のほか七県（一・四%）に過ぎず、ほとんど配兵なく中共側の蠢動に委せざるを得ないとみなされるもの一三九県（三一・五%）、全体の六六・九%に該当する二九五県〔華北政務委員会直轄行政区四県を含む〕は中間地区」であって、中間地区の「民心はむしろ中共側に傾くものが多いという実情」であった[131]。一九四一年末に、治安地区一〇%、准治安地区四〇%、未治安地区五〇%と認識されていた状況よりも治安地区は大きく減少していたのである。

むすびにかえて

本稿では、日中戦争開始から末期に至るまでの華北における民衆支配の動態を検討してきた。先行研究や史料公開の状況から、北京市と郊外、天津市、山東省についての事例が多くなってしまったが、そこから現れた状況は華北の主要都市や「治安地区」についてはそれなりの普遍性を持っていると推察している。では日本占領下華北の民衆支配の状況はどのようにまとめることができるであろうか。

まず指摘したいのは、民衆動員組織としては新民会、軍事組織としては治安軍、住民把握組織としての保甲といったものを中核として、それに付随したり、類似する組織が非常に多様に形成され、住民がそれらのネットワークに絡め取られる状況が作られていたことである。民衆は日本軍・傀儡政権（中華民国臨時政府・華北政務委員会）が展開する「剿共」「経済封鎖」「献金」「供出」「追悼」「祝賀」といった運動や行事と、無縁ではいられなかった。それらに直接動員される機会が頻度としてどの程度であったかは把握しがたいが、例え年に数回であったとしても、民衆は日本軍が求めることに従い、協力しなければならなかったのである。そしてそのような協力が年に数回であったとしても、「東亜新秩序建設」や「剿共」というイデオロギーに支配される、政治・社会・文化・教育環境下に身を置き続け、少なくともそれを受容する態度を取らなければ命が危うくなるやもしれない状況でもあった。また傀儡政権機関に身を置く人々は、上層部に属していない人々でも、運動や行事の計画立案・実施・事後報告について詳細な文書を作成しなければならなかった。

日本軍・日本による華北占領支配というものは、「抗日八年」と呼ばれた一九三七年から一九四五年の間に、占領地の民衆をまさに日々「剿共」に動員し続けるものであったといえる。「はじめに」で述べたように、華北での治安戦の展開は抗日根拠地を中心に莫大な被害をもたらすものであった。華北占領地の日々はそのような苛烈な加害を受ける度合いが低かったとはいえ、抑圧され続けた日々であった。

占領支配下の民衆動員は結局、華北での「剿共」を達成することには結びつかず、日本の「剿共」方針、とりわけ経済封鎖は華北の資源収奪との矛盾を拡大した。日本の華北占領支配は、その最大の目的を達成しきれない状態のまま終焉を迎えたといえよう。

その一方で、「剿共」に対する占領地内中国人の能動性が一様ではなかったことも事実であろう。日本が華北占領を開始する以前に、一九二〇年代から中国には国民党に代表される「反共」勢力が存在していたのであり、一九三八年に第二次国共合作が成立していたとはいえ、重慶政権、汪兆銘政権が基本的には「反共」であったことは間違いない。日本の華北支配に際して中華民国臨時政府に引き込まれた政治家も基本的には「反共」であり、農村での新民会分会を支配した地主層も「反共」的であったといえる。このような人々が一定の能動性を持って「剿共」に加担していたことは間違いないであろう。しかし末端の民衆まで一様にそうであったとは考えにくい。

またそのようなイデオロギーとは関係なく、支配者としての日本軍にすりよることで利益を得ることを優先した人々がいたのも事実であろう。民衆を取り締まる側に回った官憲が腐敗し、私腹を肥やすために恐喝や強奪を行っていたのも事実である。

そのような「対日協力」という面での濃淡を抱えたまま、占領支配は行われ、終焉したのである。

では華北占領支配は中国の戦後に何を残したのだろうか。敵に通じて国の安全などを脅かした者を「漢奸」として処罰する法律は戦時中から存在していたが、一九四五年一一月二三日、重慶国民政府は漢奸案件処理条例（処理漢奸案件条例）を新たに公布した。さらに一二月六日には一九三八年に成立していた漢奸処罰修正条例（修正懲治漢奸条例）を廃止して、新たに漢奸処罰条例（懲治漢奸条例）を公布した。さらに一九四六年三月一三日には漢奸処罰条例

第一五条が修正された。これらの法律的対応によって、軍事・政治・経済・社会・文化など多方面において日本軍の統治を支えた者が検挙の対象とされていった。裁判にかけられた人数を司法行政部の統計で見れば、一九四七年一二月までに全国で三万二一九七人が裁判にかけられ、有罪判決は一万五三九一人（死刑三六九人、有期・無期刑一万五〇〇八人、罰金刑一四人）、無罪判決が六一五二人、その他一万〇六五四人となっていた。なお地域的には東南沿海部のケースが高い比率を占めていた(132)。

天津の状況について研究した馮成傑によれば、名前を変えて逃亡したりする者も多く、また傀儡政権職員に就いた者の数、調査にかかる費用・人手の面から漢奸についての詳細な調査を実施することは非現実的であったとされる(133)。新民会、傀儡軍、傀儡政権に参加していた人々は数百万人に及んでいたのであり、逃亡者もいたということからは、漢奸処罰の規定に照らすならば、裁かれるべき人々はもっと多かったということになろう。逆にいえば、戦後華北社会、ひいては旧日本占領地域に非常に多くの「漢奸」が残されていたのである。残念ながらその意味について具体的に論じる材料は手元にないが、おそらく戦後の中国社会、とりわけ基層社会においてそれは尾を引いていったと推測される。そしてまた自らを「漢奸」と認識した人々の心理にも澱となって残っていったのではないだろうか。日本の華北占領支配の今後の研究は、そこまで視野に入れて、引き続き行われるべきであろう。

※本研究はＪＳＰＳ科研費・課題番号２０Ｈ０１３１１「戦時期日本の中国占領・支配の総合的研究」（研究代表者伊香俊哉）及び都留文科大学学術研究費の研究成果の一部である。

注

（1）　これらのテーマについての主要な研究については拙稿「中国における日本の戦争犯罪と戦後補償」（日本中国友好協

会『研究　中国』通巻一二七号、二〇一八年一〇月）五〇―五六頁を参照されたい。

（2）防衛庁防衛研修所戦史室編『戦史叢書　北支の治安戦　1・2』（朝雲新聞社、一九六八、一九七一年）。なお華北の治安戦についてはその後笠原十九司『日本軍の治安戦：日中戦争の実相』（岩波書店、二〇一〇年）がある。八巻佳子「中華民国新民会の成立と初期工作状況」（藤井昇三編『アジア経済調査研究双書』アジア経済研究所、一九七五年）。堀井弘一郎「新民会と華北占領政策」上・中・下（『中国研究月報』第五三九～五四一号、一九九三年一～三月）。石島紀之「中国占領地の軍事支配」（『岩波講座近代日本と植民地2　帝国統治の構造』岩波書店、一九九二年）。王強「日中戦争期の華北新民會」（『現代社会文化研究』第二〇号、新潟大学大学院、二〇〇一年）、同「日中戦争期における新民会の厚生活動をめぐって」（同前第二五号　二〇〇二年）。菊地俊介『日本占領地区に生きた中国青年たち　日中戦争期華北「新民会」の青年動員』（えにし書房、二〇二〇年）。広中一成『ニセチャイナ　中国傀儡政権　満州・蒙疆・冀東・臨時・維新・南京』（社会評論社、二〇一三年）、同『傀儡政権　日中戦争、対日協力政権史』（角川、二〇一九年）、関智英『対日協力者の政治構想　日中戦争とその前後』（名古屋大学出版会、二〇一九年）がある。馬場毅『日中戦争と中国の抗戦　山東抗日根拠地を中心に』（集広舎、二〇二一年）。

（3）北京市档案館編『日偽在北京地区的五次強化治安運動　上・下』（北京燕山出版社、一九八七年）。北京市政協編『日偽統治下的北平』（北京出版社、一九八七年）。北京市档案館編『日偽北京新民会』（光明日報出版社、一九八九年。なお同書は邦訳『北京の日の丸　体験者が綴る占領下の日々』大沼正博訳、岩波書店、一九九一年がある）。曾業英「略論日偽新民会」（『近代史研究』一九九二年第一期）。栄国章「日本侵略者扶植的北平偽政権」（『北京党史』一九九〇年七月）、同「日本侵略者対北平淪陥区人民的殖民統治」（『北京党史』一九九二年第一期）。朱徳新「略論日偽保甲制在冀東的推行」（『河北学刊』一九九三年第二期）、同「日偽対冀東農民的精神侵略」（『民国档案』一九九五年第三期）。唐志勇「日偽〝新民会〟始末」（『山東師範大学学報』人文社会科学版、一九九四年第三期）。劉殿鈺「新民会在順義」（『北京党史』一九九五年第六期）。北京市政協文史資料委員会編『日偽統治下的北京郊区』（北京出版社、一九九五年）。張宗平「日偽在北平淪陥区的残暴統治」（『北京党史』一九九五年第五期）。張洪祥・楊琪「抗戦時期華北淪陥区的新民会」（『史学月刊』一九九九年第五期）。中国第二歴史档案館他編『日本帝国主義侵華档案資料選編　華北治安強化運動』（中華書局、一九九七年）。章伯鋒他編『抗日戦争 第6巻 日偽政権与淪陥区』（四川大学出版社、一九九七年）。呂偉俊・宋振春「山東淪陥区研究」（『抗日戦争研究』一九九八年第一期）。王強『漢奸組織新民会』（天津社会科学院出版社、二〇〇六年）。王士花「日偽統治時期的華北農村合作社」（『中国社会科学院研究生院学報』二〇〇一年第一期）。劉大可「山東淪陥区新民会及其活動」（『山東社会科学』二〇〇一年第三期）。江沛『日偽〝治安強化運動〞研究』（南開大学出版社、二〇〇五年）。申海涛「略論保定日偽新民会的政治活動」（『唐山師範学院学報』二〇〇六年第一期）。郭貴儒・張同楽・封漢章『華北偽政権史稿』（社会科学文献出版社、二〇〇七年）。張同楽『華北淪陥区日偽政権研究』（生活・読書・新知三聯書店、二〇一二年）。馮成傑『日偽在天津的統治研究』（江蘇人民出版社、二〇二一年）。

（4）　この点を解明した最近の代表的な研究としては、石島紀之『中国民衆にとっての日中戦争：飢え、社会改革、ナショナリズム』（研文出版、二〇一四年）がある。

（5）　謝忠厚主編『日本侵略華北罪行史稿』（社会科学文献出版社、二〇〇五年）一七―二〇頁。

（6）　劉敬忠『華北日偽政権研究』（人民出版社、二〇〇七年）四五―七七頁。劉金旺「抗戦時期華北偽軍研究」（山東師範大学碩士論文、二〇一六年）三五頁。劉敬忠は、斉爕元が自分が完全にコントロールできる軍隊の創設に思い至って一九三八年二月頃に幹部将校養成育成に着手したと、斉爕元の自発性を強調している。劉熙明『偽軍―強権競逐下的卒子』（台北・稲郷出版社、二〇〇二年）は、一九四四年の冀魯預辺区での調査結果に基づいて、偽軍への参加者の三分の一は兵隊ゴロや流民が個人的享楽から参加したものであり、三分の二は貧困農民が生計困難から参加したものであったと指摘している（三〇頁）。

（7）　前掲石島「中国占領地の軍事支配」二三一頁。

（8）　栄国章他『北平人民八年抗戦』（京華博覧叢書、一九九九年）五四頁。前掲戦史室『北支の治安戦　2』七一頁。

（9）　大本営陸軍部「占領地区内中国方面武装団体指導綱要」（『現代史資料9　日中戦争　2』（みすず書房、一九六四年）四〇五頁。

（10）　前掲朱「略論日偽保甲制在冀東的推行」一〇五頁。

（11）　前掲戦史室『北支の治安戦　2』七〇―七一頁。

(12) 果勇「華北淪陥区的新民会」(前掲北京市政協編写『日偽統治下的北平』)二九〇頁。ほかに青年訓練所についての実証的な研究としては寺尾周祐「日中戦争期、華北対日協力政権による統治と社会の組織化―河北省良郷県における県行政機構の整備と、定県における新民会の青年訓練を中心として」(『東アジア地域研究』第一四号、二〇〇八年)がある。
(13) 前掲戦史室『北支の治安戦 1』五五頁。
(14) 北京市社会局「新民会等単位関于召開〝反共救国〟群衆会等事務通知」(北京市档案館所蔵 J002-007-00222 所収。以下Jから始まる番号は全て同档案館所蔵の史料番号である)。
(15) 北京特別市公署「反共救国特別工作実施綱要」(J004-001-00457)。
(16) 前掲戦史室『北支の治安戦 1』二二〇頁。
(17) 前掲北京市档案館編『日偽北京新民会』四〇二頁。北京特別市公署「反共救国週間実施計画」(J004-001-00457)。引用文中の……は引用者による省略である。以下同様。
(18) 「反共救国工作実施報告」(J004-002-00580)。
(19) 前掲戦史室『北支の治安戦 1』六六―六七頁、一三一頁、二六四頁、一一〇頁、一一五頁。
(20) 前掲戦史室『北支の治安戦 2』二四頁、前掲戦史室『北支の治安戦 1』四六六―四七〇頁。
(21) 前掲戦史室『北支の治安戦 2』六五―六六頁。
(22) 前掲北京市档案馆编档案館編『日偽在北京地区的五次強化治安運動 下』四八一―四八二頁。
(23) 前掲劉「山東淪陥区新民会及其活動」五四頁。前掲唐「日偽〝新民会〟始末」六六頁。
(24) 前掲戦史室『北支の治安戦 1』二八四―二八五頁。
(25) 同前四九五頁。
(26) 前掲北京市档案館編『日偽在北京地区的五次強化治安運動 上』二一―二四頁。
(27) 同前二五頁。
(28) 前掲栄「日本侵略者対北平淪陥区人民的殖民統治」三九頁。

(29)「警察局呈実施治安強化実施報告書」（前掲北京市档案館編『日偽在北京地区的五次強化治安運動　上』）三五―三九頁。

(30) 一九四一年四月一六日「北京憲兵隊関与戸口調査中対嫌疑者進行監視弁法的報告」（同前）七六―八〇頁、一九四一年四月六日「北京憲兵隊戸口調査本部対戸口調査要員的指示事項」（同前）五四―五五頁。

(31)「什麼是〝治安強化〟―将老百姓送入魔獄」（前掲中国第二歴史档案館他編『華北治安強化運動』）一五四頁。

(32) 前掲戦史室『北支の治安戦　1』五三二頁。ただ、前掲江『日偽〝治安强化運動〟研究』四二頁によれば、天津を中心とした地域である津海道の公署による第一次治安強化運動の成果報告では、一九四一年の初めに比して、「治安区」面積は顕著に拡大したとされている。

(33) 前掲戦史室『北支の治安戦　2』二五―二六頁。

(34) 前掲章『日偽政権与淪陥区』三六八頁。

(35) 前掲戦史室『北支の治安戦　1』五七〇頁。前掲江『日偽〝治安强化運動〟研究』六八頁。なお経済封鎖は、日本軍側は特務機関が主体となり、憲兵隊・領事館警察をも統制しつつ実施され、中国側では県が実行単位となって、県警察（巡回経済警察・固定物資検問所・移動物資検問所）・県物資対策委員会・県警備隊・保甲自衛団・新民会・合作社・愛路諸団体・部外武装団体（華北交通警務隊）が実施に当たったとされる（前掲戦史室『北支の治安戦　2』二二六頁）。

(36) 前掲曾「略論日偽新民会」二六三頁。

(37) 一九四一年一一月一日「警察局令発城門検査実施弁法及員警配備表」（前掲北京市档案館編『日偽在北京地区的五次強化治安運動　上』）二一一―二一二頁、一九四一年一一月「警察局物資封鎖検査実施弁法」（同）二一三―二一四頁。

(38) 前掲栄「日本侵略者対北平淪陥区人民的殖民統治」三九頁。

(39)「告市署所属全□職員書」（J005-001-00646）。

(40) 一九四一年一一月「第一衛生区事務所代理所長職務李克鴻股長于十一月　召集職員挙行強化治安運動訓話講演詞稿」（J005-001-00646）、劉永純「北京市衛生局第一衛生区事務所第三次強化治安運動訓話」（同）。

(41) 前掲戦史室『北支の治安戦　2』六五―六六頁。

(42) 前掲江『日偽〝治安強化運動〟研究』八二―八三頁。
(43) 同前八九頁、九〇頁、九七頁。
(44) 前掲戦史室『北支の治安戦 2』三三九頁。
(45) 北京市公署「第四次治安強化運動実施計画」(J005-001-01826)。
(46) 北京特別市公署「対於本市第二次強化治安運動実施方案」(J001-001-01227)。第四次治安強化運動においてもほぼ同様の方針が掲げられている(J005-001-01914)。
(47) 「第三次強化治安運動社会局協助新民会弁理事項」(J002-004-00176)。第四次治安強化運動の社会局「実施状況報告」(J002-003-00825)。
(48) 前掲北京市公署「第四次治安強化運動実施計画」。
(49) 第二次治安強化運動に際しての「現値強化治安運動励行整飭紀律指示注意四端令遵照由」(J002-007-01382)、「擬具本局強化治安運動計画」(J002-007-01384)。
(50) 前掲北京市公署「第四次治安強化運動実施計画」。
(51) 前掲八巻「中華民国新民会の成立と初期工作状況」三六三―三六五頁。
(52) 前掲果「華北淪陥区的新民会」二八一頁。
(53) 前掲戦史室『北支の治安戦 2』二五七頁。
(54) 前掲劉「山東淪陥区新民会及其活動」五〇―五四頁。前掲果「華北淪陥区的新民会」二八二頁。
(55) 前掲唐「日偽〝新民会〟始末」六四頁。
(56) 陳敬仁「我在偽宛平県新民会前后」(前掲北京市政協文史資料委員会編『日偽統治下的北京郊区』)二一六―二一七頁。
(57) 前掲張他「抗戦時期華北淪陥区的新民会」八一―八二頁。
(58) 前掲果「華北淪陥区的新民会」二八二頁。
(59) 前掲唐「日偽〝新民会〟始末」六四頁。

(60) 前掲劉「山東淪陥区新民会及其活動」五三頁。
(61) 前掲王「日偽統治時期的華北農村合作社」七八―八二頁。
(62) 朱德新「日偽対冀東農民的精神侵略」(『民国档案』一九九五年第三期) 九五頁。
(63) 前掲果「華北淪陥区的新民会」二八三頁、前掲劉「山東淪陥区新民会及其活動」五〇頁。
(64) 劉同前五三頁、楊暁娟「華北淪陥区新民会的奴化宣伝」(『高校社科信息』二〇〇四年第一期) 四一頁、前掲勇「華北淪陥区的新民会」二八三頁、二八五頁、二八八頁。
(65) 前掲朱「日偽對冀東農民的精神侵略」九六―九七頁、前掲章他『抗日戦争　第6巻　日偽政権与淪陥区』三六九頁、前掲曾「略論日偽新民会」二六二頁、前掲中央档案館他『華北治安強化運動』六九五頁。
(66) 前掲果「華北淪陥区的新民会」三八四―三八五頁。
(67) 天津広播電台「第四次治強運動広播宣伝各項節目実施統計表」(J109-001-00202)。
(68) 前掲劉「山東淪陥区新民会及其活動」五三頁。
(69) 前掲果「華北淪陥区的新民会」二八八頁。
(70) 前掲唐「日偽〝新民会〞始末」六六頁。
(71) 前掲申「略論保定日偽新民会的政治活動」八七頁。ただし日本側が運営した病院の中国人の利用状況については、地域差も考えられるので、今後さらなる検討が必要であろう。
(72) 前掲果「華北淪陥区的新民会」二八一―二八三頁。
(73) 前掲北京市档案館編『日偽北京新民会』四〇二頁。
(74)「華北民衆参戦献机運動委員会組織規規約」及び「華北民衆国体献机運動発動要綱」(J005-001-00757)。
(75) 前掲劉「新民会在順義」三四頁。
(76) 前掲劉「山東淪陥区新民会及其活動」五五頁。
(77) 黎始初「日本侵華時期的天津傀儡政権」(前掲章『抗日戦争　第6巻　日偽政権与淪陥区』) 三一六頁。
(78) 前掲唐「日偽〝新民会〞始末」六七頁。

(79) 前掲果「華北淪陥区的新民会」二八三頁。
(80) 前掲黎「日本侵華時期的天津傀儡政権」三一五頁。
(81) 同前。
(82)「北平市社会局及各団体実施防諜運動概況表」(J002-007-00384)。
(83) 前掲栄「日本侵略者対北平淪陥区人民的殖民統治」四〇頁。
(84) 前掲栄「日本侵略者扶植的北平偽政権」三二頁。
(85) 前掲戦史室『北支の治安戦　1』二九〇頁。
(86)「北京特別市公署対於本市第二次強化治安運動実施方案」「北京特別市政府警察局四郊保甲訓練班実施計劃方案」(J001-001-01227)。
(87)「北京市戸口普査実施計画案」「北京市戸口普査実施計画案」(J002-007-00541)。
(88)「北京特別市政府警察局四郊保甲訓練班実施計画方案」(J001-001-00218)。
(89) 前掲朱「略論日偽保甲制在冀東的推行」一〇一―一〇二頁。
(90) 前掲戦史室『北支の治安戦　1』一一六頁、一二二頁。
(91)(偽)華北政務委員会政務庁情報局第四科『華北政務委員会公報　第6巻』(北京・国家図書館出版社、二〇一二年)二五四―二五九頁。
(92) 同前二九五―二九六頁。
(93) 一九四〇年三月一四日「灤県各区保甲自衛団訓練進度表」同前四四一頁。
(94) 一九四二年四月二三日「保甲長訓練計画綱要」(偽)華北政務委員会政務庁情報局第四科『華北政務委員会公報　第一二巻』北京・国家図書館出版社、二〇一二年)四六六―四六七頁。
(95) 前掲馮『日偽在天津的統治研究』電子版二章二節三項。
(96) 前掲朱「略論日偽保甲制在冀東的推行」一〇五頁。
(97) 前掲呂他「山東淪陥区研究」一五二頁。前掲劉「山東淪陥区新民会及其活動」五四頁。

(98) 一九四〇年八月一三日「河南省暫行保甲連座規定」(前掲(偽)華北政務委員会政務庁情報局第四科『華北政務委員会公報　第六巻』)四四四—四五一頁。
(99) 以下食糧事情については、遅子安・万永光「喫〝混合麺〟的苦難紀実」(前掲北京市政協編写『日偽統治下的北平』)一九四—一九八頁及び、前掲張宗平「日偽在北平淪陥区的残暴統治」(『北京党史』一九九五年第五期)六六一—六六二頁による。
(100) 古厩忠夫『日中戦争と上海、そして私』(研文出版、二〇〇四年)三四一頁。
(101) 前掲張他「抗戦時期華北淪陥区的新民会」八二頁。前掲張「日偽在北平淪陥区的残暴統治」六一頁。
(102) 前掲朱「略論日偽保甲制在冀東的推行」一〇三頁。
(103) 前掲戦史室『北支の治安戦　1』二九四頁。
(104) (偽)華北政務委員会政務庁情報局第四科『華北政務委員会公報　第1巻』(北京・国家図書館出版社、二〇一二年)一二頁。
(105) 以下新国民運動関係の動向については特に注を付さない場合、堀井弘一郎『汪兆銘政権と新国民運動—動員される民衆』(創土社、二〇一一年)一四七頁、一六三頁、一八一頁、一九一頁、一七三—一七四頁による。
(106) 「新国民運動促進委員会組織条例」(J004-002-02166)。
(107) 「民国三十二年度下半期新国民運動実践要綱」(J004-002-02166)。
(108) 前掲唐「日偽〝新民会〟始末」六六頁。
(109) 「民国三十二年度下半期北京市新国民運動実践要綱」(J004-002-02166)。
(110) 「民国三十二年度下半期北京特別市新国民運動第一実践期実施細則」(J005-001-00749)。
(111) 「公共道徳復興運動実施計劃」(J005-001-00749)。
(112) 「新国民運動決戦生活日実施要綱案」(J004-002-02166)及び前掲曾「略論日偽新民会」二六八頁。
(113) 「決戦生活日実施弁法」及び「一、実践戦時生活」(J004-002-02166)。前掲馮『日偽在天津的統治研究』八章二節。
(114) 「民国三十四年度決戦新国民運動実施要綱」(J004-002-02166)。

(115) 前掲唐「日偽〝新民会〟始末」六六—六七頁。
(116) 北支那方面軍参謀部第三課田邊(新之)少佐「日華同盟条約締結ヲ機トシ対支処理根本方針ノ結実ヲ促進スル為ノ経済方策ニ関スル意見」(アジア歴史資料センター Ref. C13031915300)。
(117) 一九四四年四月、北支那方面軍参謀部「剿共指針」(前掲戦史室『北支の治安戦 2』)二七五—二七六頁。
(118) 前掲戦史室『北支の治安戦 2』三八二頁。
(119) 一九四四年四月、北支那方面軍参謀部「剿共指針」(同前)三八〇頁。
(120) 一九四四年九月一五日の北支那方面軍兵団長会議に際して作成された「対華北緊急措置要綱」の大要(同前)五三五頁。
(121) 同前三四九—三五〇頁。
(122) 同前三五三頁。
(123) 一九四四年六月五日、華北政務委員会公布、「保安隊暫行編成規則」(偽)華北政務委員会政務庁情報局第四科『華北政務委員会公報 第二一巻』北京・国家図書館出版社、二〇一二年)三七六頁。
(124) 前掲戦史室『北支の治安戦 2』四一四頁、四一九頁。
(125) 同前四二八頁、四三一—四三六頁、四〇六頁。
(126) 同前四〇四—四〇五頁。
(127) 同前四三〇頁。
(128) 一九四三年一二月七日、華北政務委員会公布「第一直轄行政区保安隊指揮部組織大綱」(偽)華北政務委員会政務庁情報局第四科『華北政務委員会公報 第一六巻』北京・国家図書館出版社、二〇一二年)四二五頁。
(129) 一九四三年一二月一八日、華北政務委員会公布「華北剿共委員会総会組織大綱」(偽)華北政務委員会政務庁情報局第四科『華北政務委員会公報 第二〇巻』北京・国家図書館出版社、二〇一二年)四二九頁。
(130) 前掲戦史室『北支の治安戦 2』五一五頁。
(131) 同前五三六頁。

(132) 呂迅「国民政府対漢奸的司法懲処」(『抗日战争研究』呂迅「国民政府対漢奸的司法懲処」(『抗日戦争研究』二〇二〇年第四期)、抗日戦争紀念網 https://www.krzzjn.com/show-1232-123533.html で閲覧(最終閲覧二〇二三年三月二〇日)。

(133) 前掲馮『日偽在天津的統治研究』二章四節。

Ⅱ　華北占領地における宣撫工作とその限界

殷　志強

はじめに

宣撫とは元々使者を派遣して安撫することで、非暴力や懐柔に重きが置かれていた[1]。日中戦争期において、宣撫は思想戦の一環として使われるようになった。当時軍専属の航空心理学者であった望月衛は「宣撫とは武力戦に依って自軍の勢力下に帰した地域に於ける住民に対し、自軍の戦争目的と戦果と戦力を知らしめ民衆の武装と反抗を最小限度に抑止し、自発的に武力的反抗を抛棄せしめ、進んではこれに厚生的措置を施してその生活を保証し、自軍の企図・目的に協力せしめる施策を言ふ」[2]と定義した。本稿における宣撫工作とは、日本軍の華北占領に際して、被占領地住民が敵対行動に走らず、協力的態度をとるようにするための住民への宣伝、宣撫活動を指す。具体的には占領地における民心の安定、治安維持、軍事協力、経済産業、文化教育などが対象となった。この工作を担う宣撫官は戦時中において「武器なき戦士」[3]あるいは「人道の戦士」[4]と謳われ、「中国民衆を戦禍から保護する任務に青春を捧げてきた仲間」[5]と戦争への協力が絶賛された一方、戦後には「日本の侵略戦争の末端の手先として、北支軍の思いつきに集まった、当時の日本の失業青年軍—遅れた層の、それは一旗組でもあり、ドン・キホーテでもあった—思うさま軍に利用された犠牲者でもあり、泡沫の如き存在でもあった」[6]と評されたこともある。

このような認識の開きを念頭に置いて、本稿では宣撫班が日本の華北への軍事進出や統治政策にどのように加担したかを明らかにしたい。特に、如何なる目的を以て現地民衆と接し、如何なる方法で日本の侵略構想を実現しようとしたのかを究明する。

従来日中戦争期における宣撫工作について、日本側の研究では占領地の日本語教育に重点が置かれてきた[7]。中村重穂[8]と田中寛[9]は、文化教育の角度から宣撫班の戦争協力の姿勢を解明する重要な成果を発表している。また、具体的な宣撫工作の手段としての紙芝居[10]や映画[11]などの分析を通じて、如何に民心を獲得しようとしたかを明らかにする研究もある。それ以外には「満洲国」[12]における宣撫工作や同仁会の宣撫工作[13]における役割[14]などを研究した重要な成果も現れている。日中戦争における宣撫工作についてはほとんど研究されてこなかったが、この問題に着目した小野田廉也は、人道援助、治安回復・維持、開発援助という三つの角度から華北及び華中における宣撫工作の実態に迫り、「中国の民心掌握を試みたが、結果として達成できなかった」と結論づけ、さらに政略の不統一、作戦支援優先、戦局悪化という角度から宣撫工作失敗の根本的な原因を分析した[15]。

中国においては宣撫工作については長年あまり重視されず、「日本の文化侵略の一環」[16]、あるいは「宣撫文学」の視点から「宣撫活動の美化」[17]といった批判的評価が展開されてきた。最近では、王萌や譚忠艶をはじめとする若手研究者が、様々な角度から宣撫工作を取り上げて研究を進めることとなった。代表的な研究として、譚忠艶は満鉄宣撫班の目的や活動の本質は完全に日本の植民侵略の要求に適応し、その調査活動が日本の侵略政策の基盤を提供したと批判している[18]。別の論文で譚は華中宣撫班の活動を取り上げて、宣撫活動の侵略性、欺瞞性及び「華を以て華を制す」

という特徴を指摘した(19)。譚の概説的な研究と比べて、王萌はより具体的に宣撫班に関する史料を利用し、実証的な研究を行ったといえる。王は華北における宣伝活動を詳しく分析し、その侵略性を強調する一方、宣撫工作の「組織上の問題」を指摘し、宣撫工作は日本軍政当局の支持をなかなか得られなかったと結論づけた(20)。

以上の先行研究を踏まえながら、本稿は以下のような視点から分析を進めたい。

まず、宣撫班は元々満洲で活躍し、特に満洲における鉄道愛護村で経験を積み重ねたといわれている。しかし、戦争の拡大に伴い、宣撫班の規模や管轄地域が拡大傾向を辿りつつ、満洲で積んだ経験は多少活かせるものの、それ以上に複雑な局面や難題が待っていた。そのような状況の中で、華北における宣撫班は如何に組織され、戦争拡大の過程で如何なる発展をとげたのかを明らかにする。

また、杉山部隊本部がまとめた『治安工作経験蒐録』や多田部隊本部で作られた『宣撫班教化工作実施概況』など(21)に基づいて、県レベルから村までの宣撫報告や治安工作経験の統計資料を分析し、華北における宣撫活動の実態に迫り、その特徴を捉える。

さらに、現場の宣撫官の「反省」を分析することから、宣撫工作にある様々な限界を指摘し、宣撫工作が日本側の思う通りに進まなかったことを明らかにする。

これらの分析を通じて、宣撫活動の本質に迫りたいと考える。

一　華北宣撫班の成立とその発展経緯

（1）宣伝、宣撫と戦争

中国には「名義のない戦争をしない」という諺があり、戦争を始める際には必ず大義名分が必要とされた。つまり、大義名分の宣伝は古代から戦争の一部分として強く意識されていたのである。第一次世界大戦以来、戦争は武力戦だけではなくなり、参戦国がその経済力、技術力などのあらゆる国力を動員し、長期間に亘る総力戦の時代に突入し、宣伝、宣撫と戦争の関係はさらに複雑かつ緊密になった。

日中戦争期には日本では、「宣伝戦は目に見えぬ武装せざる武器としての浸透性によって、国家を崩壊に導く脅威すべき破壊力を有っている」[22]と宣伝の近代戦における重要性が強調された。

陸軍は宣伝により敵側の住民の抗戦意志を叩き潰し、「武威」や「武徳」を以て華北の住民を日本側の行動に共鳴させ、作戦の遂行にも有利な情勢を作るように命じた。

陸軍においては作戦用務令第三部第八篇「宣伝の実務及び防衛」において「敵及び敵側の住民の交戦意志を破摧し或いは我が行動に関し敵を欺騙し或いは戦地の住民をして我の道義に即する行動に共鳴せしむる等作戦遂行上有利なる情勢を作為するは軍の行ふ宣伝の直接目標なり而して遂に我が武威を伝て畏服せしめ武徳を及して悦服せしめ敵及び敵側住民をして我に寄与するに至らしむること緊要なり」[23]と述べていた。

現地兵団の宣撫隊員も「宣撫宣伝の重要性」を認識し、「武力が入学試験であるなれば、宣撫招撫は入学後の勉強であり、入学試験よりも更に重大視さるべき事項である」[24]と、武力による征服以上に、宣撫による民衆の思想獲得こそが戦争の最終的解決に繋がると考えていた。

なお、戦時下中国共産党軍の現勢調査としてまとめられた『支那共産軍の現勢』では、「武力戦は敵軍を粉砕殲滅することを目的とするが、建設戦は支那民衆を把握し組織しこれとの一体的協力に於いて東亜の新体制を確立強化するにある。宣撫班は実に建設戦の前衛隊であって、其の対民衆工作が成功すると否とは直ちに今次聖戦の目的達成に影響する所至大である」(25)とその意義が述べられていた。

（2）日中戦争における宣伝宣撫とは何か

先に近代戦における日本側の宣伝と戦争の関係について触れたが、次に日中戦争における宣伝宣撫の意味や位置づけを見ていこう。日中全面戦争の拡大により、日本軍は華北各地を占領していった。この広大な地域を統治するために、まず宣伝宣撫によって民心を把握することが必要不可欠であると強く意識された。

「民衆の把握」は宣撫工作の鍵であり、日本の戦争目的達成に関わる重要な問題である。梅津兵団に直属の現地宣撫班は「過去において扶植せしめられたる凡ゆる抗日意識も皇軍が上下一体となり之等の誤れる民衆に対し、皇軍本然の姿を以て接し指導して行くならば、如何に頑迷なる民衆と雖も皇軍の真意を悟り信頼から協力へ移行してゆくのである」と考え、「一度彼らの民心を把握せばその後に於ける各般の工作は誠に順調に進展して行くのであると信じていた。その反面、もし「民心把握無くして如何なる工作も単なる形式に過ぎずして一朝何らかの障害に遭遇せば直ちに崩壊して仕舞うのである」(26)と記していた。

しかし、民心の把握は日本側の思う通りにいくものではなかった。それは、中国側も民衆の動員を非常に重視し、しかも日本より優勢であったためである。重慶国民政府は「民族存亡の戦なりと号して専ら民族精神の喚起」(27)に努め、『抗日必勝、建国必成」の標語により、民衆を組織訓練して抗日戦線に動員し、民族意識の高揚に努めた一方、共産党も華北占領地の僻地で民衆を動員し、抗日運動を継続させた。

共産党の武力的背景たる共産軍は民族統一戦線を豪語し、長期の抵抗を叫び、遊撃戦を展開し、支那四億の民衆の心を把握せんとする。まこと共産軍の恐るべきは武力ゲリラに非ず、思想ゲリラにある[28]。

ここでは、武装ゲリラより共産軍の「思想ゲリラ」の方が占領地に対するより大きな脅威であると認識されていた。特に占領地域が華北から華中に拡大している中で、一九三八年一〇月以降、占領地の経済建設が重視され、日中戦争について「長期戦」と共に「長期建設」ということばも用いられるようになってきた[29]。日本側の「建設」は、中国にとっては「植民地支配」、「経済掠奪」にほかならなかったから、民衆の協力はなおさら重要となった。

支那は今建設戦である。建設戦の敵とは何者ぞや、思想ゲリラ、これぞ最も至難の戦であり、長期に亘る戦である。今や支那に於いて、共産軍が支那民衆の心を捉えてこれを味方にするか、我等がこれに対抗して勝ち得るか、支那民衆の心を捉えること、それは武力以上に困難だ。誰かこれを速やかに捉えるか。敵か我か、建設戦の意義はここにある。それは何故至難なのか、支那民衆は長きに亘って組織せられざる民衆である故である。新しき民衆組織！　これぞ世紀をうつ暁鍾にあらずして何ぞや[30]。

宣撫工作の主な任務は「中国の民衆組織に対して、より正しく強き指導精神並により強き組織を以って指導」することであり、「皇道精神に據る今次聖戦の我意図を理解せしめ、彼の工作に対抗して支那民衆が自発的に東亜新秩序建設に協力する迄に導かねばならぬ[31]」とされた。

（3）華北宣撫班の成立と発展、新民会との合併

宣撫班とは、日本軍が占領地の治安維持、民心の安定鎮撫、経済産業の復興、教育文化の促進などの目的を達成するために編成された組織である。周知のように、一九三二年に南満洲鉄道総局の八木沼丈夫を班長として発足したのが宣撫班の始まりだと言われている。

盧溝橋事件直後、一九三七年七月二一日、天津軍司令部からの招電に応じて八木沼丈夫は急遽天津に向かい、直ちに宣撫班の編成と活動方針立案に着手した。八月九日、満鉄から選抜された社員一行五二名は天津駅に着き、同日七班の編成を完了した。さらに、八月二九日宣撫本部も編成された。

一九三七年中の具体的業務についてみると、戦局の進展に伴って内容も変わっていったことがわかる。八月一〇日にまとめられた「駐屯軍宣撫班第一期宣伝計画概要」では、「交通通信網の確保に依る用兵作戦の完璧」及び「沿線住民の鎮定安撫」を方針として、工作重点はなお「鉄道愛護村工作」にとどまっていた。宣伝の内容においては、「帝国声明」、「皇軍の威力」、「華北自治」及び「国民党、共産党、その他の抗日団体の悪」などを基本として、主に軍事行動への協力や民衆に事変を理解させることを重視していた。工作範囲は当時日本軍が進出していた北寧線（唐山一帯）、津浦線（天津から兗州）、京浦線（廊坊一帯）、京漢線（北京から磁県）、正太線（石家荘から楡次）、同蒲線（代県から祁県）などの地方で、天津や北京の周辺から漸次華北各省に拡大していた。宣撫班本部の編成により、急速な軍の作戦行動に即応して宣撫班を従軍、定着の両部に分けて専ら兵站線の確保に重点を指向していた(32)。

九月二四日、日本軍は保定を陥落させた。同日、軍宣撫班は「第二期宣伝計画概要」を作成した。その中の方針、要領、実施要領などを「第一期宣伝計画概要」と比べてみると、「愛路少年隊の結成指導」、「避難民帰来工作」、「思想工作（滅党剿共思想向上、日満支善隣思想注入、聯村防衛）」、及び「農産収穫の指導援助」という作戦への協力以

外の、占領地経営に関わる新たな問題への対応が課題とされてきたといえる。この頃組織的には、一二月の末まで、班数は合計八〇になり、うちわけは本部一、現地班六六、特殊宣撫班二、連絡班五、施療班六で、班員数は合計八二九で、うちわけは日本人五三四人、満支人二九五人となっていた。(33)

一九三八年に入ると、日本軍は更に山東省の曲阜、青島、芝罘などを占領し、四月からの徐州作戦では徐州・開封などを占領していった。(34)この年の一月一日、宣撫班は軍宣伝部より軍特務部に転属、現地班は各々特務部機関に分属し、兵団の要求に応じ従軍、定着するとされた。また従来の本部が直接指揮するシステムを変更して、「各特務機関に宣撫班指揮機関を設け」、体系を整備することとした。一月一八日、本部は天津から北京に移転すると共に工作の重点を山東に指向しつつ、山西工作も着々と準備を進めた。(35)

そのほかに、一九三八年一月から着手された河北戡定作戦は山西省と河北省を含む地域を対象としていた。そのうち河北省では第一四師団が二月一一日に彰徳を出発し、衛輝・新郷を経て二二日には済源まで達した。その後同師団では、石黒支隊が曲沃へ、酒井支隊が緯県に進んだ。その間第一六師団は高邑、邯鄲間の警備を担当した。または第一〇八師団は二月一三日から撫安、路安を経て臨汾、陽泉、昔陽、一帯まで歩を進めた。いずれも河北省と山西省の南部方面で、黄河の北側までを日本軍の支配地域とする意図があった。(36)

現地軍は華北一帯の治安維持体制確立のために軍事行動を拡大せざるを得ないと認識した。その結果広範囲で住民を難民化させ、地域の生産体制の維持を困難にした。日本軍は支配地域の拡大を図るため、軍事行動の範囲をさらに拡大していくことになる。(37)

このような状況の中で、軍に直属する宣撫班も組織の調整や規模の拡大を余儀なくされた。三月二一日、日本内地での第一回の採用宣撫班員一〇〇名は秦皇島に上陸した。四月一日、現地宣撫班を第一（太原）、第二（済南）両軍に転属し、同時に特務機関指揮機関を以て第一、第二両軍司令官宣撫班、現地班八五班を分属した。但し、第三班

（石家荘）、第四班（青島）、第一〇班（太原）、第四九班（璋徳）の四班は該地特務機関に配属された。

徐州の陥落に伴って、宣撫班の大拡張工作計画が樹立された。そして八月に第二回内地採用新宣撫官（二五〇名）、一〇月に第三回内地採用宣撫班員（二〇〇名）が到着、一二月には班数は合計一二八になり、一年前より五〇％余り増加し、その内訳は本班一、軍指導班二、兵団指導班五、現地班一一三（内指揮班兼務七）、連絡班三、施療班四であった。班員数は合計一五五六人、そのうち日本人一〇一四人、満支人五四二人であった。工作の範囲もさらに拡大され、北寧線、津浦線（天津から徐州、霊壁）、京漢線（北京から博愛、懐慶）、正太線（石家荘から楡次）、同蒲線（代県から蒲州）、膠済線（済南、青島、芝罘）、隴海線（徐州から開封）など鉄道の沿線都市に進出した。

広東、漢口陥落の新情勢に即応して宣伝の方針も変えられ、宣伝の重点を蒋政権の覆滅促進、特に治安粛正に資することに置いた。一一月一八日、第五期宣伝計画が樹立され、対支宣伝、対外宣伝、対内宣伝それぞれについて主要宣伝事項が定められ、対支宣伝では「東亜新秩序建設」「皇軍戦勝の実状」「蒋政権内部の紊乱」「新政権の明朗」「共産党の暴状」「列国の対蒋態度悪化」などの内容を重点的に取り上げるとしたが、ほとんどは事実に反するものであり、宣撫班にとって、宣伝の効果をあげることが難しい課題であっただろう(38)。

一九三九年に入ると、満鉄社員の引き揚げ、戦死傷、帰還、県連絡員の転出などに伴う補充並びに作戦に即応するために新設班充当要員などを考慮し、三期に分けて合計一九五〇人（日本人九五〇人、満支人一〇〇〇人）の宣撫班員の増強補充が実施された。一方で、華北宣撫班の基礎確立や拡大により、満鉄派遣社員はごく少数の基幹人員を残し、七月一〇日を以て引き揚げを完了した。派遣人員は累計七九五人（日本人五四六人、満支人二四九人）だった(39)。

一方、臨時政府の成立に伴って、華北においては治安維持や軍事協力のため、満洲事変の時に作られた協和会にならって新民会が立ち上げられた。最初の綱領として「新政権の護持、産業の開発、東方文化の宣揚、剿共滅党」などが取り上げられたが、「成立以来首班空位のまま、時間を経過し、政府と表裏一体の実を挙ぐるに至らざるの憾みがあった」[40]。

つまり新民会が成立してもほとんど事業は進展していなかった。しかし、この状況は一九三九年八月、安藤紀三郎中将の指導により一変し、会の陣容を整備することになったという。まず章程の定めるところにより行政委員長王克敏を会長に推戴し、名実ともに府会一体、政教一致の実をあげるに至り、これと同時に、時の内政部総長王揖唐、安藤指揮官、繆斌中央指導部長の三氏が副会長に就任して陣営を新たにした。

これをきっかけにして新民会はその機構及び陣営の大改革を行い、軍においては、予て華北における民衆の教化並に宣撫の任に当ってきた新民会と宣撫班の両機構を総合して、民衆指導力を一元化することが必要との認識に達した[41]。しかし、軍の思惑があったとは言え、新民会と宣撫班の合併は最初から順調に進まなかった。ここで、この合併をめぐる各方面のせめぎあいに注目し、華北における宣撫班の終焉を明らかにしたい。

一九四〇年一月一一日、済南総領事有野学から野村吉三郎外務大臣宛の「第六号（極秘）」電報では、新民会機構改革に関連し北支方面軍においては「軍宣撫官並に県政連絡員が従来同会と併立し弊害鮮からざる」に鑑み、「連絡員側としては略反対なきか如きも宣撫官側としては不同意」にして、「同会入りの発令と共に北支各省宣撫官総辞職を為さんとの態度を執り居る模様」と伝えらえたのである。その理由としては、名称の変更や待遇の問題が指摘されたが、本当のところは中国人を会長とする新民会に統合されることが最も嫌がられているようであると指摘された[42]。

一九四〇年一月一六日に北京駐在の土田豊書記官から有田八郎外務大臣への「第四九号（極秘）」電報でも、「新民会の機構改革は客年一二月王克敏の同会会長就任と共に具体化せる次第なる所軍宣撫官及び県連絡員を同会に統合することに対しては宣撫班側に難色ありと共に王も又同会が軍に乗取られることを惧れ、軍側よりの申出に反対の意向を表示しつつあり」と述べた[43]。

最終的には臨時政府、軍、興亜院より委員を出して最高委員会が組織され、議論の末、新民会という名称は変更す

表1　1940年6月までの各級総会数

省総会	河北、山東、河南、山西、蘇北	蘇北は特殊地方総会
道辨事所	23個所	別に特殊地区辨事所1
特別市総会	北京、天津、青島	
県市総会	342箇所	2特区、7市を含む

（出典：注45に同じ）

ることなく実質的に同会が新たな出発をなすという建前で、旧職員並に宣撫班、県政職員をその傘下に吸収することとされた(44)。

二月二九日、華北における軍宣撫班の解散式が各地いっせいに挙行され(45)、三月一日、両機構の統合が実現し、八日、中南海懐仁堂において盛大な結成式が挙行され、ここに大新民会として再出発がなされるに至った(46)。

新たな新民会は会務執行機関として中央に中央総会を設け、地方に概ね中国の地方行政制度に準じ、省、道、県（市）、特別市（特殊地方）に各級総会又は弁事所を設置した。一九四〇年六月までの各級総会数は表1の通りである。

二　華北における宣撫活動の実態から見る特徴

ここでは、まず宣撫班に配布された「指導要領」、「工作方針」、「工作業務概要」などの資料から当時華北で行われた宣撫活動に隠された日本側の思惑を検討するとともに、その目的を達成するために、如何なる行動をとったのかを分析したい。さらに、宣撫官や現地部隊、守備隊、警備隊などの現場報告により、華北各地における宣撫活動の実態と特徴を明らかにしたい。

（1）宣撫活動の思惑と実施要領の変化

一九三七年七月二八日夜、宋哲元の撤退により、日本軍は冀察政務委員会に代わる治安維持会を作り、北平を事実上占領した。その際北平陸軍機関が作成した「北平治安維持に伴う宣伝計画[47]」では、早くも北平市民に対する宣撫工作を念頭に置いた宣伝の方針が掲げられた。その内容から見れば、事変直後の日本側の思惑はあくまでも国際社会に対して事変の真相を隠蔽するとともに、民心安定や治安確保の名目で北平市民に軍の行動の正義性を強調しようとするものであったといえる。特に、抗日勢力の鎮圧及び親日勢力の扶植によって北平占領の長期化を図ろうとしたことがわかる。

その後、日中戦争の拡大により宣撫工作の内容も、戦争地域と占領地域に分けて定められた。寺内部隊宣撫班本部は宣撫活動の効果をあげるため、『宣撫工作指針』を作成している。その中で、宣撫工作の目標は「軍出動地域内における交通、通信線を確保し用兵作戦の完壁を期し、民心を収撫して更生中華民国建設の基幹を培養するにあり。特に戦闘地域内にありては、支那軍敗退の真相を闡明すると共に、皇軍出動の本義と其の威力を民衆に諒解せしめて、畏敬より和親へ、和親より協力への気運を誘致し、以て軍民協力、滅党反共の実を揚げんとす[48]」としていた。さらに宣撫工作の実施要目としては、主に民心の安定鎮撫、軍への協力、鉄道愛護工作、経済産業の復興、教育文化の促進という分野に定められた[49]。

一九三九年、杉山部隊本部宣撫班が作成した『宣撫工作業務概要』には、宣撫工作の目的は所謂「聖戦の真義を徹底し所在大衆を宣撫教化して興亜の禍源たる抗日反満の思想を根絶し後方治安の確保に協力せしむると共に進んで之を指導し之を組織して掃共滅党の一翼たらしめ以て東亜共同体の結成東亜新秩序の確立に邁進するに在り」と明瞭に記された[50]。さらに、新採用日本人宣撫班要員訓練生の講義録として使用する『北支那方面軍宣撫班指導要領抄』にも「宣撫工作の期する所は民衆を宣伝教化し治安の確保に協力せしむると共に民心の安定、民生の向上を図り更に進んでは今次聖戦の真義を徹底し興亜の禍源たる容共、抗日、反満の思想を根絶し以て東亜新秩序の確立に邁進せしむるに在り[51]」とほぼ同じ内容が記されていた。

華北治安戦の展開に伴い、宣撫工作の分類や内容も大きく変わり、まず軍への協力に関する項目は重点的に取り上げられ、その内容も明らかに増えていった。また、民衆に対する宣撫工作の内容も調整されて、新政工作、新生工作、救恤工作、団体指導なども要目に入れられた。勿論一部の工作は現地の治安維持会などに譲られていたが、それにしても宣撫工作の範囲は広すぎることが見て取れる。

このような任務を完成させるため、宣撫班は如何なる組織を以て対応するかについて、軍宣撫班は大きく三つに分けて構成されていた。それは方面軍司令部宣撫班、軍並兵団宣撫指揮班及び各地宣撫班である(52)。

各地宣撫班は大、中、小班を通し一連の番号を附した（表2）。軍宣撫班は方面軍司令官に、方面軍司令部宣撫班は参謀部第四課にそれぞれ配属され、各地宣撫班は配属部隊長または特務機関長の命を承け、班長の指揮下にその担任地域内における宣撫工作を実施していた。

表2　各地宣撫班の標準的編成

区分	班長	日本人	満支人	計
大班	1	7	7	15
中班	1	5	5	11
小班	1	3	3	7

（出典：注52に同じ）

（2）華北各地における宣撫工作の特徴

では、華北における宣撫班は如何に宣撫工作を展開していたのか。また日本側の思う通りに成果を得たのであろうか。

外務省文化事業の支援の下に、長野県上田中学校教諭笠井輝男は満洲及び華北を視察し、一九三九年二月「支那民族統治策に就て」という報告書を提出した。その中では文化や民族性の視点から「日本は支那をいかにすべきか」という時代の大きな問いに対して私見を述べるとともに、宣撫活動についても次のように言及していた。

思うて此に到れば、過去一年における宣撫工作は、決して成功せる者とは謂ふべから

ず……戦うべき時は徹底的に戦い、討つべき時は徹底的に討ち…(53)

笠井から見れば、中国の国民性の「不正直」があるので、従来の宣撫工作は「机上の空論」にすぎず、あまりにも「愚直」のものであり、寧ろ「今日の支那人を治せんとせば、必ず権威あらしむべきなり」と結論づけた。

このような見解には一理あるが、宣撫工作の現場の状況はより複雑且つ困難であり、宣撫班にとってそれぞれの地域で如何なる対応をするかは厄介な問題であった。特に共産党の抗日宣伝（いわゆる逆宣伝）に対して、日本側は各種の宣撫を行い、抗日勢力を排除しようとした。実際には、このような宣撫は日本側の治安粛清計画の一環に過ぎず、完全に軍側の手先となっていたのである。

ここでは、日本側の華北各地にある宣撫活動の実態に迫り、治安粛清作戦中の宣伝戦の特徴を明らかにしたい。

①多様な宣伝手段

各地の宣撫班は宣伝の効果をあげるために様々な工夫をしていたが、大きく分ければ宣伝と逆宣伝の二種類があった。

宣伝とは、一般的に多種多様な宣伝手段を通して日本側の認識、主張、政策を中国の民衆に植え付けようとすることである。篠塚兵団の前田部隊が河南省の彰徳で行っていた宣撫工作はその代表的な事例である。前田部隊は宣伝工作を「組織を通しての宣伝、実践を通しての宣伝、利用による宣伝」という三類に分けて考えていた。

県内住民に対しては常に当地在住の中国側上層部と軍部並みに出先諸機関と交歓する機会を利用し宣伝する。城外九カ区の農民に対して実践によるを最有効手段と思料する。知識階級に対してポスター、伝単、パンフレッ

ト、映画、新聞、定期刊行物などをもって宣伝に利用する。(54)

つまり、当時多くの民衆は文字を読めなかったので、宣伝ビラの内容や形式などを工夫しなければならなかったのである。

包頭方面の宣撫班においても、「パンフレットの類は之を徒らに文盲の徒、子供などに配布するも無意味なれは主として銀行、市公署其他知識階級の出入り多き各関係機関に於いて一一対照人（ママ）に手渡するが如く其の効果を挙げる可く努力しあり(55)」と、各種の宣伝物による宣伝方法の改良が試みられていた。

梅津兵団においても、宣伝についてビラは「内容文句の改編や絵の添い及び宣伝用書に彩色の使用」を強調し、招撫について、「長き演説は何等効なく簡単に箇条的に云ふ事は却て利あり(56)」と、その経験をまとめている。

しかし、宣伝の効果に影響するのは民衆の知識のレベルだけではなく、もっと重要なのは民衆の立場である。篠塚兵団は欒城に着任早々県内を示威宣伝のために行動した際、「県城外一歩を出れば、何処にも伝単布告文の貼られていない状況を見て驚」き、「他の地区に比べ、治安の良くあるべき此の地区に於いて、誠に奇異の現象に考えられ、これが一般民衆の心からなる親日思想に欠け、又共産軍、民軍などの潜行工作の相当盛なることを推測し、爾後布告文伝単の保存状況に依り、之等民心及び匪賊の工作状況を知るバロメーター(57)」とするべきと記した。

また現地の宣撫班にとっては、宣伝以上に逆宣伝を抑止することが本質的な課題であった。

淶源県は元々河北省保定にある小県であったが、一九三九年一一月一五日、淶源弁事処が正式に発足し、蔚県、涿鹿、懐来、淶源の四県を管轄下に置き、総務班、警備班（情報班）、交通通信班、宣撫班、救済班を設置した。(58)岡部部隊参謀長田中新一がまとめた『戦訓乙第一号』では、当時華北各地にある八路軍の抗日根拠地を「北支治安の最大癌」と認識し、これを覆滅することが「治安の根基を確立する所以なり(59)」と強調した。従って、武力によって八路軍や親共勢力を粛清すること及び宣伝によって民心を共産党から奪うことが当時の主な課題であった。

『淶源地区滅共実施要領』には共産党の宣伝に対する強い警戒心が示されており、日本側は「彼らの凶悪なる所為に対して之を覆滅暴露し人心をして彼らより離反せしむるか如く宣伝を為すと共に皇軍占拠地内の人民に対しては努めて安定救済工作を実施するものとす」という方針が掲げられていた[60]。宣伝の要領としては、主に共産党の根拠地で実施された諸政策を批判の種として民衆を共産党から分離させるとした。

しかし、この分離工作はそう簡単に成功するものではなかった。抗日統一戦線を基本とする共産党が、最も重視するのは民衆への宣伝工作であった。

篠塚兵団の山下部隊が山西省の平山で県公署を設立したのは、一九三八年五月頃であったが、「事変前に於いて八路軍の根拠地帯内にありし当県は今日尚地域の大半を彼領有するの現状にして潜行的宣伝は相当の打撃を我に及す馬疃には軍指導の下に偽平山県公署を設立する等其の行政組織又相当完備しあるものの如く彼らに対する屈伏、投降の宣伝は一朝一夕に効果を見るべからざるなり」と観測されていた[61]。

同じ現象は山西省南部の邱村においても起こっていた。「事変勃発以前には山西モンロー主義、共産主義等に依り山間僻地に到る迄其の主義三歳の童子に至る迄浸潤し彼らの心理状態は侮り難きものあり且敗敵の用ふる逆宣伝文は各村部落内外に場所を問はず大書し以て抗戦の気概を豪語するが如き状態なりき、敵の逆宣伝たるや全く巧妙の極あり」という状況だったのに対し、梅津兵団の邱村守備隊は「少数の兵力を以て常に警備行軍を実施し、支那軍の宣伝はすべてこれ逆宣伝たるの事実を一般に知らしめ且つその宣伝文を一掃し、宣撫班より受領せし諸ポスターを貼布反共小冊子を配布且つ誠心誠意部落民の要求に応じ、有病者には適当なる治療を施すなど依り皇道精神宣伝に全力傾倒す」るとした[62]。

もう一つ宣伝手段として認識されたのは高い技術力による民心の収攬である。

邯鄲の宣撫班は自分たちの経験から次のように論じた。すなわち、そもそも宣伝招撫は「理論を列挙することではなく、実際問題に探求のメスを加える」ことであり、宣伝対象である中国人に即して適当な方法を模索するべきであり、従来の如く「唯単に、美字麗句を纏り良く並べた程度のものでは、その齎し得る効果は僅少で」あって、「我々が街路を歩きつつ良く目にする、日中提携とか東亜恒久の平和とかの文字の羅列がどの程度の迫力を彼らに與へるものであるか恐らく意味少なきものである」と宣伝現場にある問題を指摘し、もっと「現実性のある宣伝」が必要であると強調した(63)。

そして、現実性のある宣伝とは日支提携の実利を知らしめるもの、或いは、日本以外のどの国どの体制も決して彼らを幸福にはしないことを認識させるものを指すとして、「トーキー（有声映画）映写機を持ち来り部落を巡回」して、写真や映画を殆ど見たことのない民衆に対して衝撃を与えることで、「第一にかかる機械を通じて日本に寄せられる大きな尊敬の信頼」、「第二に資料を通じての宣伝効果(64)」を期待できるとした。また、一定の土地を借りて、軍の手により化学肥料を使った農業力を示すことで、「日本の偉大さ」を民衆に感じさせ、日本に対する信頼を高めることができると考えられていた(65)。

②宣伝と活動

一九三九年二月、外務省文化事業部は華北各地に調査員を派遣し、「支那民族統治策に就いて」という視察報告書をまとめた。そこでは宣撫工作に対して「唯パンフレット、ビラの宣伝に《ママ》のみに終始するは、所謂画餅の如き観あり」との批判が述べられ、「宣撫工作の主眼点は、百万の理論より一の実行を俟つべく、物を揃ふるより、人材を得るにあるべし」と主張された。そうならなければ、最終的には「机上の空論たるを免れず(66)」との危機感も示された。

現場の宣撫班も、日常の宣撫工作において民衆の生活に気を配ることが効果的であると指摘した。

行唐県にいる宣撫班は報告書の中で「一、百の言論は一つの実行に如かず。二、高遠なる宣撫よりも寧ろ直接民衆に利害関係を有する卑近なる生活問題に論及するを可とす」という現場の声を軍の上層部に伝えようとした。とりわけ施療施薬は民心把握に特に有力なもので、もっと民衆の健康問題を重視すべきであると主張した(67)。

晋県方面の横山地区隊も現地宣撫の効果を深く反省し、住民に対して「徒に口舌を以て説き紙片を貼布するも殆ど効なきこととなり、要は実質的宣撫を行う」ことであると主張した。実質的な宣撫とは「施療、棉花購買、缺乏物資の配給(68)」であった。

山西省南部の稷山における宣撫工作はやや独特で、守備隊、宣撫班、県公署三位一体で実施されていた。宣撫の方策としては、貧民の救済、民需品の購入運搬の斡旋、土貨の販売斡旋、種子の配給、施療など民衆の生活自体に関するものが重視されていた。特に県立病院を設置し、医療方面から宣伝に力を注ぎ、宣撫は顕著な実績をあげているとされた(69)。

欒城県は河北省石家荘の近くにある小さい県城である。三田村部隊は一九三九年一月、ここに本拠地を置き、治安工作に専念していた。しかし、当地区には宣撫班も新民会もないため、同隊は部隊に臨時宣撫班を作り、中国人を加えて、専ら宣伝宣撫に当たらせた。宣伝工作として最も重視されたのは施療であった(70)。

もう一箇所、施療によっていい宣伝効果をあげたのは密晋の毛利地区に置かれた篠塚部隊であった。「最も中国民衆の感謝と信望の裡に良好なる実績を収めたるは施療なり。城内において、宣伝班に施療所を設け医官一、衛生下士官一、衛生兵三を以て毎日十時より行う。城外においては、巡回施療を行い、毎旬一回の程度でした。医療隊は軍医一、下士官一、兵四、通訳一及び宣撫班員、県公署警戒班を持って構成された(71)」とその状況は報告された。

③脅迫と抑圧

一般的な宣伝宣撫が通じない場合、日本側が出した最後の切り札は武力による鎮圧であり、言いなりにならない住民に対しては言葉や実力を見せて脅迫し、場合によっては直接肉体的に消滅させることとなった。

河北省の深澤における宣撫班は帰来民を招来するために、工作方法として中国人の所謂「物資偏重心に乗じ皇軍の駐留する城内外空屋は一定期日迄に其家主帰来せざる時は其家屋家財は県公署（維持会）の没収する所とするの宣伝に努めんか其家族中の一名は必ず帰来す爾後は日ならずして全員帰来す[72]」と、民衆の合法的な家や財産を強制的に没収する威迫でその帰来を促していた。

懐来方面における宣撫工作の経験からは、「宣伝宣撫は対象目標の実状に即応せざるべからず。匪賊所謂八路軍がいる地域において、討伐は最良の宣撫なり」と述べられている。なお、軍隊の行う宣伝宣撫は「口舌の技に非ず威力と並行し実行を以て第一義とす。また、屡々示威行軍を実施し、不知不識の間に威圧と信頼と[73]」を感知させるとされた。状況によっては、物品を与えるより効果的であると認識されていたのである。

広い華北の大地において宣撫対象地区を如何に選定するかと言う点については、日本軍の勢力地区、中間地区乃至通匪地区、敵の勢力地区に区分された上で、地区毎に宣撫の要領もそれぞれであったが[74]、特に敵地内工作が最も重視された。

敵地とは、日本軍の勢力がまだ完全に浸透していない地区である。敵地区とはいっても、敵の駐屯地、中心行政機関の所在地などに分かれており、また敵の工作の濃度も一様ではなかったが、都市部、村落、山間の道路など至る所まで敵側の標語、伝単で埋められているのが普通であった。そして、敵側が焦土戦術を以て「堅壁清野」の状態になった場合、残留者の多くは老幼者或いは病弱者のみであった。しかし、日本側はこのような者の中にも敵側のスパイが少なくないと疑い、「即ち一切の対象は我に敵性を維持するものと認めねばならぬ場合が多い[75]」と認識していた。

山西南部の稷山守備隊は宣撫班、県公署三位一体になって宣撫活動に努めていた。県内の地区を「優良村」「普通村」「不良村」に分けて、異なる宣撫政策をとっていた。特に「不良村」に対しては討伐を主とした。「一般に支那人は悪に賢く、且つ事大思想強く、我軍にて余りに庇護専念にて良民に害を與へざると見るや斬首銃殺を以て臨む。敵軍に服従し我を軽視する傾向あり」、故に、「常に宣撫と威圧とを併行するを要す[76]」と主張している。

順徳地方の宣撫班でも、「皇軍の温情に馴れて傲慢なる態度に出ずるは支那人の通弊なり。斯かる場合は一人たりとも容赦無く厳然皇軍の威信を冒されざることに努ること[77]」と、同様の趣旨が述べられていた。

「治安粛清」が充分でない順徳地方は、機会を求めて歩々堂々と示威行軍を実施し、住民に重火器を目撃させ、或いは実弾射撃を見学させるなどによって、「皇軍の威風」を体感させることは、「無智なる匪賊等」に対して、招撫工作上間接的な有効性をもち、「共産匪」に対しては、付近住民に反共思想の強烈なる宣伝を行うと、意外に間接的効果が多いともされた[78]。

特に民衆を苦しめ治安撹乱工作の根源となる中国軍、抗日分子に対する徹底的剿滅に並行して、民衆宣撫工作を進めることは一層効果をあげるものであり、山西省曲沃及び汾城にある梅津兵団の後藤部隊は「皇軍は一方において仁王の姿であり、一方において如来の姿」でなければならないとされた[79]。

三　現地宣撫官の反省と宣撫活動の限界

宣撫活動によって一定の成果があげられていたが、当時の状況から見て、様々な限界があったことも否定できない。

（1）占領地域の限界

現地軍は華北一帯の治安維持体制確立のため、軍事行動を拡大せざるを得ないと認識していた。その結果、広範囲の住民を難民化させ、地域の生産体制を困難にした。日本軍は支配地域の拡大をはかるため、軍事行動の範囲をさらに拡大していくことになる。悪循環の罠に陥っていたといってもよいだろう。しかも、地域によって治安情勢は異なっていた。河北省の場合、北部の治安体制は比較的機能していたのに対して、中南部から南部へと行くにつれてそれは不安定になっていった。「治安確立しある地域」の範囲は北部一帯では広範囲な「面」として広がっているものの、中南部では狭まり、南部では殆ど鉄道沿線のみになっていた。[80] 要するに、表面的には日本の占領区であるが、実際は少し離れた所で八路軍が活動をしていることは多かった。そのような状況は現地宣撫班の報告書にもしばしば見られた。

深県宣撫班が提出した報告書では、宣撫工作は「土地の情況特に匪情の大小、交通の便易、土民の抗日思想浸潤の程度、貧富の程度等に依りまして各地共に一様ではない」[81]と述べられていた。

堰掌鎮は中条山脈の西側に位置し、区内には起伏も多く、八路軍の活動に至極便なる状態にあった。故に、八路軍の勢力範囲内はいうまでもなく、日本の勢力圏内においても民衆は八路軍のことを考慮し、日本側の要求に応じるかどうか曖昧であった。特に中間地区はそれが最も明確で、「敵の出没常にして自然に彼我勢力区域が分れ、我勢力内部落民に於いても彼我何れに就くべきや其の去就に迷ひある事実を目撃」できると記され、宣撫工作について「彼我勢力の相半する地区に於ては無自覚なる民衆は外面的見解より兵力の多き方に就て従ひ易き傾向ありて其の宣撫に関しては威圧を以てし一方各種宣伝を以て人心の統一を計れり」[82]と宣撫工作が直面している難局が綴られていた。

欒城県では、「匪賊の横行する」地区において、部落民は平素日章旗を隠しておいて、日本軍の来る時は外に出していた。宣撫班は「当地区の如く、匪団に肉親を出して居る所では、中々諸工作が難しい」[83]と嘆じていた。この史料からは、民衆は如何に日本軍の威圧に服従しているようでも、内心では八路軍を支持していたことがよくわかる。

南部山西の萬泉における宣撫工作に従事していた吉松慶久は、八路軍が地の利を十分に利用する上に、「一般民衆と直接緊密否不離の関係にあるので、他地区より侵入せる敵に比し之が撃滅の難き[84]」と、治安諸工作の不振の最大要因を指摘した。

包頭方面の工作も同様で、「鉄道沿線、県城等を除く僻地にありては一時的に宣伝、宣撫を実施するも皇軍撤退後の難を懼れ容易に我に馴染まず、且つ敵側の執拗なる妨害によりまだ充分なりとは言えず、皇軍進めば山中に逃避し皇軍退きて家に帰るの民衆なしとせず[85]」との「所感」が述べられていた。

なお前述の山西省南部の稷山県で県内を「優良村」「普通村」「不良村」に分けて、「不良村」に対しては「討伐を主とす」としたのも同様の状況を示していた。

これらの状況は、日本が広い華北の大地を隅々までコントロールすることが無理であったことを示していた。

（2）支援物資の不足

前述したように、多くの宣撫班は「百の言論は一つの実行に如かず」という認識をもっていた。民衆の物資に対する要求さえ満足させれば、宣撫工作の効果が著しくなる。とりわけ医療面での施療施薬は民心把握に特に有効であり、或いは施薬施療が民衆を慰撫するに効果大なりと強調された。

現地宣撫班は施療が百の宣伝にも勝ると認識していたが、薬物の不足に苦しみ続けていた。例えば南部山西の邱村では、「当隊に於いても使用宣撫薬缺乏の悲鳴を上げる状態にて[86]」と述べられていた。

山西省の霍縣警備隊の経験により、中国民衆は「化学的薬品の漢方薬より優れ、且つ効めの卓越せるを認めたるか、非常に尊重し欲し居る」ので、「行軍の際して必ず薬品を携行し、ポスターよりも施薬の効果大なり」と考えていた。しかし、「現在送達さる、薬剤にて不足なれば多数の配薬を望む[87]」と現場の困惑を伝えた。

物資不足は薬にとどまらず、アジア太平洋戦争開始後いっそう進行し、住民から物資を収奪することとなった。結局、「食料供給の安定を図ることが民心を把握する近道」と認識していたにもかかわらず、逆に住民から食料を奪ってしまい、いわば「民心離反の近道」を進むこととなったのである。(88)

（3）通訳人材の不足

宣撫工作の主な目的は相手に自分側の意志を浸透させることである。この目的を達成するために、中国民衆に如何に日本側の政策や主張を説明するかが大切であった。しかし、派遣された宣撫官たちは一応中国語の訓練を受けたとしても、さすがに正確かつ流暢に自分の思いを相手に伝えることはできなかった。

村上政則は回想録の中で、北京城内にある栴檀寺（宋哲元の兵舎、建国後国防部の官庁になる）に置かれた宣撫官を養成する軍宣訓練所での学習生活を、「中国語や中国人の風俗習慣、民衆工作や情報収集、宣伝の要領など、かなり程度の高いものである……中国語は皆よく勉強したが、生来の音痴の私には、四声という中国語独特の微妙な発音がどうしようもうまく出来なかった(89)」と振り返っている。

両渡、義棠両鎮の宣撫員は「本当に宣撫や其の他の工作がうまくいくのも行かんのも、一に通訳の善悪如何にあることは否めない事実だ(90)」と語っていた。

しかし占領地の拡大により、数の限られていた通訳は徐々にその需要を満たせなくなっていった。

山西南部の稷山県においては、軍及び宣撫班を通じて通訳は満人一名のみだったので、上層部に対して「優秀なる通訳の配属。宣撫上通訳の能力は大なる意義を有する、更に有能なる通訳の増加配属」を希望す(91)と訴えていた。臨汾県官雀村の藤井警備隊も「宣撫工作には支那語に熟練せる者を必要とす、これが為め講習の機会を作られんことを希望(92)」していた。

講演による宣伝の場合にも、「日本人が通訳を介して行ふも、言語の不徹底並心理の機敏に投《ママ》し難きを以って、効果大ならず」という状態だったため、「宣伝要員として、適任なる華人能辯家、または地方名望家を訓練して実施する」[93]ありさまとなっていた。

（4）日本軍の暴行

宣撫班や巡回医療隊は、いずれも軍の指導の下で活動していた。軍側は占領地の統治体制を維持するために、宣伝、宣撫などにより民心の収攬を図った。現地の宣撫班は「宣伝の効果を大ならしむる為には、軍隊の行動も亦宣伝の内容と一致せざるべからず。如何に『王道楽土、安居楽業』等と叫ぶも、軍隊の行動之に伴はずして、民衆に対し苦痛を與ふるは不可なり」[94]とはっきり認識していた。

では如何に民心を把握するのか。曲沃及び汾城の宣撫班は「夫には種々の方法手段もあるが、要は皇軍の崇高な精神を以て親しく中国民衆に接し民衆をして感化せしむる」以外なく、「部隊が自粛自戒し上下一致一糸乱れぬ厳正なる規律と春風駘蕩たる抱擁力とを以て民衆を指導」[95]する必要があるとした。

深県の宣撫班も、「軍隊の軍紀風紀の厳正は彼らをして我に信頼せしめる所以であり無言の宣伝であります……如何に雄弁な宣撫官が宣撫にこれ努めても其の通訳の非行や軍隊の軍紀風紀の廃頽せば何ら民衆宣伝は効果がない」[96]と、軍隊の軍紀が民心把握の成否に関わる重要な問題であることを理解していた。

豊鎮の宣撫班は「軍隊自身もまた一兵に至るまで宣撫工作の真意を良く了解し工作に逆行する振舞がない様充分注意して」欲しいとした。「豚鶏其の他を紊りに徴発する事なく薪炭不足から窓、戸を散々壊して燃やす様な事等ない様にせねば『中国兵一様』の悪評を受けて折角の仕事も徒労に終わることがないでもありません」[97]。つまり、軍人が民衆から掠奪をすれば、せっかく宣伝により作り上げた日本のイメージは完全に破壊されてしまうのであった。

臨汾県官雀村の宣撫班も上級本部に対して、「現地部隊は自粛し、住民の宣撫に専念しある時作戦上其の部落を通過する部隊が家屋を破壊し燃料に供し、或いは家畜類を無償にて持出る《ママ》ことがある」と現地部隊の蛮行を批判し、さらに、「このような行為は現地部隊の宣伝工作を非常に阻害するものであるから注意をされたい(98)」と要望をしていた。臨汾付近の宣撫隊は「軍紀厳粛なれば民衆信頼し安んして生業に就く」と認識し、「英国人よりも米仏『ソ』人より日本人は悪辣残忍なり(99)」と敵が宣伝していると記していた。

軍紀の維持が強調されても、現地の日本軍は相変わらず暴行を働いていたのが事実であった。

おわりに

日本が華北占領地域の統治を維持するためには、現地民衆の理解、協力などがどうしても必要不可欠であった。このような工作を推進するために、現地に派遣されたのが宣撫班だった。

華北各地の宣撫班は「武器なき戦士」といわれたが、全ての行動は軍の指導の下で行われていた。何故なら、当初から宣撫活動は近代戦の重要な一環として強く意識されており、また宣撫活動における民心の安定、文化教育などを除けば、軍に協力する項目が多かったためである。

宣撫活動の特徴として、まず宣伝手段の多様性を指摘できる。各地の宣撫班は宣伝の効果をアピールするため、宣伝の内容や形式を工夫し、宣伝対象やその地域の雰囲気に合わせて、それぞれ異なる対応がなされた。次に、宣伝そのものより華北各地の民衆に接し如何なる行動がより効果的であるかが考えられた。「百の言論は一つの実行に如かず」というように、民衆が必要とする物資を配ったり、施療施薬を行ったりすることで、民心の収攬を図った。しかし宣撫班は一方では、「敵地」の「敵性」がある民衆に対して徹底的に武力で脅迫や鎮圧を行うように主張した。

現実には様々な超えがたい限界があったが、現地の宣撫班の報告からはある程度の成果があったことがわかる。しかし、八路軍の存在や物資と人材の不足などの制限により、民心収攬のため民衆に物資を供給するべきところが、逆に民衆から物資の強制調達が行われた。特に、宣撫班は口で日中提携、共存共栄、持久平和などを唱える一方、日本軍は、掠奪、焼却、虐殺など暴行を民衆に加えることも度々あった。宣撫活動はもとより占領軍と民衆の関係を緩和し、現地の統治を円滑化すると期待されたが、以上の各種の限界は克服されないまま、一般の民心を獲得するには至らなかった。「虚偽」あるいは「空虚」な宣伝は「侵略の本質」を変えることも、完全に覆い隠すこともできないまま、日本による華北統治は失敗に終わることとなったのである。

※本研究は中国国家社科基金項目（20BSS019）及び（22&ZD236）の助成を受けたものである。

注

（1）『続資治通鑑・元紀』、『デジタル大辞泉』。
（2）望月衛「防諜・宣撫・文化工作」『国防心理学』（河出書房、一九四一年）二四四頁。
（3）八木沼丈夫作詞『武器なき戦士（宣撫官）の歌』、村上政則『黄土の残照—ある宣撫官の記録—』（鉱脈社、一九八三年）一六頁。
（4）深田悠蔵『支那共産軍の現勢』（改造社、一九三九年）三七五頁。
（5）前掲『黄土の残照—ある宣撫官の記録—』二頁。
（6）青江舜二郎『大日本軍宣撫官』（芙蓉書房、一九七〇年）三一九頁。
（7）宮脇弘幸「日本軍の宣撫工作と日本語普及：華北占領区を中心に」（『新世紀人文学論究』、二〇二一年三月）五三—六八頁。

（8）中村重穂「宣撫工作としての日本語教育に関する一考察—元宣撫官への書面調査から」（『日本語教育』、二〇〇四年一月）九三—一〇二頁。
（9）田中寛「『東亜新秩序建設』と『日本語の大陸進出』—宣撫工作としての日本語教育（「文明化」による植民地支配）」（『植民地教育史研究年報』、二〇〇二年）一〇〇—一五九頁。
（10）歴史民俗学研究会編『大陸で宣撫工作に使われた「教育紙芝居」』（『歴史民俗学』（通号一〇）、一九九八年三月）一五〇—一五二頁。
（11）工藤信弥「日中戦争期日本陸軍における宣撫工作と映画交流：民心獲得のための活動として」（『軍事史学』、二〇一六年九月）六八—八六頁。
（12）今日では不適切な呼称（「満洲」「満洲国」「支那」「北支」「蒙疆」等）である地域名は、本来「　」をつけて使用すべきであるが、本稿では煩雑となるため基本的に「　」をはずした。
（13）寺戸尚隆「日本の仏教会による「満州国」宣撫工作」（『竜谷史壇』、二〇一三年一二月）一三—三五頁。清水亮太郎「満洲国統治機構における宣伝・宣撫工作」（『戦史研究年報』二〇一四年三月）。
（14）末永恵子「日中戦争期における対中国医療支援事業の変容—同仁会の医療支援について」（『宮城歴史科学研究』第六八、六九合併号）二一—六〇頁。同「日中戦争期におけるコレラ防疫—防疫給水部と同仁会を中心に—」（『日本植民地研究』第三四号）一—一三頁。
（15）小野田廉也「支那事変における日本の宣撫工作」（『軍事史学』第四九巻第二号、二〇一三年九月）四三—六二頁。
（16）任其懌《日本帝国主義対内蒙古的文化侵略活動（一九三一—一九四五）》（内蒙古大学博士論文，二〇〇六年）。
（17）王向遠「日軍在中国淪陥区的〝宣撫〟活動及〝宣撫文学〟」（『名作欣賞』二〇一五年一一月）三二—三八頁。
（18）譚忠艶「満鉄宣撫班与日本侵略関係分析」（『理論観察』二〇一八年第九期）七五—七七页。
（19）譚忠艶「満鉄華中宣撫班〝宣撫〟活動研究」（『軍事歴史』二〇一九年第三期）三五—四〇页。
（20）王萌「日本在華北淪陥区的宣撫班及其〝宣抚〟工作」（『日本侵華南京大屠殺研究』二〇二一年第三期）四五—六一页。

(21) 杉山部隊はこの時期北支那方面軍の通称である。芳井研一『難民たちの日中戦争―戦火に奪われた日常』(吉川弘文館、二〇二〇年)三九頁。

(22) 粟屋義純『戦争と宣伝』(時代社、一九三九年)一頁。

(23) 前掲「防諜・宣撫・文化工作」二四五頁。引用に際して原点でのカタカナ表記はひらがな表記に改めた。以下の引用でも同様に改めた。

(24) 「篠塚兵団　邯鄲の工作」JACAR(アジア歴史資料センター)Ref.C11110486500、『治安工作経験蒐録　第四輯』昭和一四年六月中旬(防衛省防衛研究所)。なお、以下引用に際してカタカナはひらがなに改めた。

(25) 前掲『支那共産軍の現勢』三八五頁。

(26) 「梅津兵団　曲沃及汾城の工作」JACAR Ref.C11110482700、『治安工作経験蒐録　第一輯』昭和一四年六月中旬(防衛省防衛研究所)。

(27) 三田了一『新秩序建設と宣撫工作』(改造社、一九四〇年)五〇一頁。

(28) 前掲『支那共産軍の現勢』三七四頁。

(29) 安達宏昭『大東亜共栄圏―帝国日本のアジア支配構想』(中公新書、二〇二二年)、二八頁。

(30) 前掲『支那共産軍の現勢』三七五頁。

(31) 前掲『新秩序建設と宣撫工作』五〇二頁。

(32) 「駐屯軍宣撫班第1期宣傳計画概要(昭和一二年八月一〇日)」JACAR Ref.C11110458800、『宣撫班小史』(防衛省防衛研究所)。

(33) 「軍宣撫班第2期宣傳計画概要(昭和一二年九月二四日)」JACAR Ref.C11110458900、同前。

(34) 前掲『難民たちの日中戦争』二四頁。

(35) 「宣撫班の転属」JACAR Ref.C11110459000、『宣撫班小史』。

(36) 前掲『難民たちの日中戦争』三八頁。

(37) 同前三九頁。

(38)「宣撫班転属」JACAR Ref.C11110459200、『宣撫班小史』。
(39)「昭和一四年」JACAR Ref.C11110459400、『宣撫班小史』。
(40)「中華民国新民会第一回全体連合協議会ノ状況ニ関スル件他一件　1」JACAR Ref.B02031835900、『支那地方政況関係雑纂／北支政況／自治問題、新民会関係』（A-6-1-3-1_3_3）（外務省外交史料館）〇〇八九画像目。
(41)「会務概況」JACAR Ref.B02031835900、同前。
(42)「第六号（極秘）」JACAR Ref.B02031835600、同前。
(43)「第四九号（極秘）」JACAR Ref.B02031835600、同前。
(44)「第四二号（極秘）」JACAR Ref.B02031835600、同前。
(45)「第五六号」JACAR Ref.B02031835600、同前。
(46)「会務概況」JACAR Ref.B02031835900、同前。
(47)「北平治安維持に伴ふ宣傳計画」JACAR Ref.C11110451000、『北支事変解決後の処置』昭和一二年七月一八日～一二年八月二四日（防衛省防衛研究所）。
(48)「宣撫工作の目標」JACAR Ref.C11110457600、『宣撫工作指針』（防衛省防衛研究所）。
(49)「宣撫工作の実施要目」JACAR Ref.C11110457600、同前。
(50)「宣撫工作業務概要　昭和14年　杉山部隊本部宣撫班」JACAR Ref.C11110459700、『宣撫班小史』。
(51)「北支那方面軍宣撫班指導要領抄　昭和14年　杉山部隊本部宣撫班」JACAR Ref.C11110460800、同前。
(52)「編成及任務」JACAR Ref.C11110461100、『北支那方面軍宣撫班指導要領抄』（防衛省防衛研究所）。
(53)「支那人の没法子と宣撫工作に対する私見」JACAR Ref.B05016094400、『参考資料関係雑件　第十巻』（H-7-2-0-4_010）『支那民族統治策に就て（支那視察報告第一号）』自昭和一四年二月（外務省外交史料館）。
(54)「篠塚兵団　彰徳に於ける工作」JACAR Ref.C11110483000、『治安工作経験蒐録　第二輯』昭和一四年六月中旬（防衛省防衛研究所）。
(55)「蓮沼兵団　包頭方面の工作」JACAR Ref.C11110486200、『治安工作経験蒐録　第四輯』昭和一四年六月中旬（防衛省防衛研究所）。

(56)「梅津兵団　治安工作に就ての所見」JACAR Ref.C11110485900、同前。

(57)「篠塚兵団　欒城県方面に於ける工作」JACAR Ref.C11110488300、『治安工作経験蒐録　第六輯』昭和一四年六月中旬（防衛省防衛研究所）。

(58)「淶源県辨事処設置要綱」JACAR Ref.C11111455900、『淶源県共産匪討伐に伴ふ政治工作関係書類』昭和一四〜一五年（2分冊の1）（防衛省防衛研究所）。

(59)「戦訓乙第一号」同前。

(60)「淶源地区滅共実施要領」同前。

(61)「篠塚兵団　平山に於ける工作」JACAR Ref.C11110483100、前掲『治安工作経験蒐録　第二輯』。

(62)「梅津兵団　南部山西邱村に於ける工作」JACAR Ref.C11110483500、同前。

(63)「篠塚兵団　邯鄲の工作」JACAR Ref.C11110486500、前掲『治安工作経験蒐録　第四輯』。

(64)同前。

(65)同前。

(66)前掲『支那民族統治策に就て』。

(67)「篠塚兵団　行唐県に於ける工作」JACAR Ref.C11110484800、『治安工作経験蒐録　第三輯』昭和一四年六月中旬（防衛省防衛研究所）。

(68)「篠塚兵団　晉県方面の工作（1）」JACAR Ref.C11110481800、『治安工作経験蒐録　第一輯』昭和一四年六月中旬（防衛省防衛研究所）。

(69)「梅津兵団　南部山西稷山に於ける工作」JACAR Ref.C11110483800、前掲『治安工作経験蒐録　第二輯』。

(70)「篠塚兵団　欒城県方面に於ける工作」JACAR Ref.C11110488300、前掲『治安工作経験蒐録　第六輯』。

(71)「篠塚兵団　毛利地区に於て実験せる工作に就いて」JACAR Ref.C11110492000、『治安工作経験蒐録　第七輯』昭和一四年六月中旬（防衛省防衛研究所）。

(72)「篠塚兵団　深澤に於ける工作」JACAR Ref.C11110483200、前掲『治安工作経験蒐録　第二輯』。
(73)「蓮沼兵団　懐来方面に於ける工作」JACAR Ref.C11110485100、前掲『治安工作経験蒐録　第三輯』。
(74)「宣伝宣撫要綱」JACAR Ref.C11111455900、前掲『淶源県共産匪討伐に伴ふ政治工作関係書類』。
(75)同前。
(76)「梅津兵団　南部山西稷山に於ける工作」JACAR Ref.C11110483800、前掲『治安工作経験蒐録　第二輯』。
(77)「篠塚兵団　順徳地方の工作体験」JACAR Ref.C11110491400、『治安工作経験蒐録　第九輯』昭和一四年六月中旬（防衛省防衛研究所）。
(78)「井關兵団　治安工作の経験」JACAR Ref.C11110489700、『治安工作経験蒐録　第八輯』昭和一四年六月中旬（防衛省防衛研究所）。
(79)「梅津兵団　曲沃及汾城の工作」JACAR Ref.C11110482700、前掲『治安工作経験蒐録　第一輯』。
(80)前掲『難民たちの日中戦争』三九頁。
(81)「篠塚兵団　深縣に於ける工作」JACAR Ref.C11110484900、前掲『治安工作経験蒐録　第三輯』。
(82)「梅津兵団　南部山西偃掌鎮に於ける工作」JACAR Ref.C11110483700、前掲『治安工作経験蒐録　第二輯』。
(83)「篠塚兵団　欒城縣方面に於ける工作」JACAR Ref.C11110488300、前掲『治安工作経験蒐録　第六輯』。
(84)「梅津兵団　南部山西、萬泉に於ける工作」JACAR Ref.C11110484500、前掲『治安工作経験蒐録　第三輯』。
(85)「蓮沼兵団　包頭方面の工作」JACAR Ref.C11110486200、前掲『治安工作経験蒐録　第四輯』。
(86)「梅津兵団　南部山西邱村に於ける工作」JACAR Ref.C11110483500、前掲『治安工作経験蒐録　第二輯』。
(87)「梅津兵団　霍縣方面の工作概況」JACAR Ref.C11110490100、『治安工作経験蒐録　第八輯』昭和一四年六月中旬（防衛省防衛研究所）。
(88)前掲「支那事変における日本の宣撫工作」五八頁。
(89)前掲『黄土の残照』二一〇頁。
(90)「梅津兵団　両渡義棠両鎮其他の工作実験を語る」JACAR Ref.C11110490000、前掲『治安工作経験蒐録　第八輯』。

(91)「梅津兵団　南部山西稷山に於ける工作」JACAR Ref.C11110483800、前掲『治安工作経験蒐録　第二輯』。
(92)「梅津兵団　臨汾縣官雀村の工作」JACAR Ref.C11110482500、前掲『治安工作経験蒐録　第一輯』。
(93)「蓮沼兵団　天鎮方面の工作」JACAR Ref.C11110488700、前掲『治安工作経験蒐録　第六輯』。
(94)「井關兵団　治安工作の経験」JACAR Ref.C11110489700、前掲『治安工作経験蒐録　第八輯』。
(95)「梅津兵団　曲沃及汾城の工作」JACAR Ref.C11110482700、前掲『治安工作経験蒐録　第一輯』。
(96)「篠塚兵団　深縣に於ける工作」JACAR Ref.C11110484900、前掲『治安工作経験蒐録　第三輯』。
(97)「蓮沼兵団　豊鎮方面に於ける工作」JACAR Ref.C11110485200、前掲『治安工作経験蒐録　第三輯』。
(98)「梅津兵団　臨汾縣官雀村の工作」JACAR Ref.C11110482500、前掲『治安工作経験蒐録　第一輯』。
(99)「梅津兵団　臨汾附近の治安工作」JACAR Ref.C11110485700、前掲『治安工作経験蒐録　第四輯』。

Ⅲ　戦時期日本の華北経済支配と食糧増産政策

安達　宏昭

はじめに

本稿の目的は、日中戦争からアジア太平洋戦争期の時期において、日本が中国・華北地域（以下、「華北」と略称、北支とも呼ばれた）で、占領地の経済支配のために食糧問題にどのように取り組んだのかを明らかにすることである。特に、不足する食糧の増産政策について、その変遷の分析を中心に行う。そして、日本が華北で実施しようとした棉花増産や工業化といった政策と関連させて、食糧増産政策の困難と現地の人びとの生活への影響を通して、華北経済支配の矛盾と失敗を解明する。

一九三七年七月に始まった日中全面戦争以前から、華北の食糧は、コメ、小麦、雑穀などの生産が需要を満たすことができず、その不足をカナダやオーストラリアからの輸入や、華中や蒙疆からの移入によって補填していた。コメは主に移住した日本人や駐留した日本軍の食糧で、小麦・雑穀（粟・高粱・玉蜀黍《とうもろこし》など）は、中国民衆の食糧であった。したがって、日本がこの地域を安定的に支配するには、中国民衆の食糧であった小麦・小麦粉や雑穀の食糧需要を満たす必要があった。そこで、日本の華北経済支配を分析する本稿では、中国民衆の食糧であった小麦・小麦粉や雑穀の増産・供給政策に絞って分析を行う。

日中戦争期の食糧問題の研究では、浅田喬二「日本帝国主義による中国農業資源の収奪過程」など農産物の収奪機構や食糧生産の実態を分析するもの(1)や、弁納才一「日中戦争期山東省における食糧事情と農村社会経済構造の変容」(2)など、日中戦争期の食糧不足の実態とその構造を解明する重要な成果が挙がっている。華北における増産政策の分析については、白木沢旭児の研究があるが、十分ではなく日本による農村掌握に重点が置かれている(3)。また、戦時中に東亜研究所と南満洲鉄道株式会社調査部北支経済調査所慣行調査班が行った「支那慣行調査」は、戦後に『中国農村慣行調査』第一巻〜第六巻として岩波書店から刊行されて基礎的な研究文献になっており、これに基づいて戦時下華北農業経営や社会関係の実態が明らかにされてきた(4)。このように、これまでの研究では、食糧不足を始めとする現地の実態把握と解明に重点が置かれ、収買やその機構に焦点が当てられてきた。このため、現地での施策を規定した地域全体での政策の立案と展開については、未だ十分に解明されていないと考える。現地機関・現地軍だけでなく政府中央をふくめた日本の華北地域全体に対する食糧増産政策の立案と展開を明らかにすることは、現地の実態を把握するうえでも必要な分析課題と考える。

そこで、本稿は以下の点に注目して分析を進める。第一に、政府中央と現地機関の政策の違いである。中国に対する政策を分析する際には、一九三八年一二月に設置された中国の占領地に対する政務・開発などを統括する内閣直属の官庁である興亜院の動向に注目する必要がある。特に、華北には、現地機関として華北連絡部が設置されていた。また、華北に駐留した北支那方面軍の政策への影響力も大きかった。それゆえ、これら現地機関がどのような政策立案をしたのか注目したい。

その一方で、政府中央で「日満支ブロック」さらには「大東亜共栄圏」[5]という圏域全体の観点から、食糧需給や農産物全体の需給調整にあたった興亜院中央や企画院の政策にも注意を払いたい。具体的には、食糧増産と棉花増産の調整問題があったからである。華北は日満支ブロックや大東亜共栄圏で主要な棉花の産地であったため、他地域に供給するためには、棉花の増産も行わねばならず、食糧増産と競合する可能性が常に存在していた。この食糧生産と棉作の競合問題に現地と中央がどのように対応したのか、海外からの小麦などの輸入が途絶したアジア太平洋戦争開始後に着目する必要がある。

第二に、ブロック内での華北の位置づけの問題である。一九四〇年に日本政府が本格的にブロック経済の建設に乗り出したとき、拙稿「戦時期日本の国土計画と華北・蒙疆」[6]で明らかにしたように、中国の占領地を統轄する機関である興亜院及びその現地機関の興亜院華北連絡部と、ブロック経済全体を構想する企画院とでは、華北の経済的な位置づけは異なっていた。興亜院は、長期的には華北を「自給」化させるとともに一部工業化した地域にしようと考えていたのに対して、企画院は単なる資源供給地にすることしか考えていなかった。しかし、その意見の違いは、日本が一九四一年一二月に対米開戦し大東亜共栄圏構想が本格化するなかで解消して、企画院も華北を一定程度、工業化・「自立化」した地域にしようと考えた。そして、一九四三年から小型溶鉱炉などの素材工業の建設が始まった。しかし、前稿では農業部門については十分な検討をすることができなかった。

また、太平洋方面での戦局悪化を受けて政府・軍中央では、一九四二年末に中国の自発性を重視していく対支新政策を決定し、翌年から現地軍の反対を押し切って実施に移した。この政策は華北の食糧調達問題にも及んだ。また、工業化は鉱工業労働者の調達という政策課題を新たに生じさせ、それは食糧増産問題と密接に関わっていた。アジア太平洋戦争半ば以降、新たな政策が実施されるなかで、華北の位置づけはさらに変化し、食料供給をめぐっての政策もそれに規定されることになる。大東亜共栄圏内における華北の位置づけや政策の変化と結びつけながら、分析を行う必要がある。

一　日中戦争下での食糧増産政策

（一）日中戦争開始前後の食糧状況

一九三七年に日中全面戦争が始まる前から、華北は恒常的に食糧生産がその需要を満たすことができなかった。華北における民衆の主要な食糧は小麦（小麦粉）であった。華北の小麦生産量は、統計の不備や年により豊凶が激しく、報告も様々あって、その正確な数値を把握するのは難しいが、日中戦争開始後の興亜院が平年作として認識していたのは約七七二万トンであった(7)。その資料によれば、河北省約一七五万トン、山東省約二八九万トン、山西省約七四万トン、河南省北部約九八万トン、江蘇省北部約一二六万トンであった。毎年、不足する小麦粉二〇〇〇万袋（四〇万トン）内外を(8)、オーストラリア、カナダ、アメリカ、日本、華中から輸移入していた(9)。また、雑穀も三〇万トン程度輸移入していた(10)。この不足の原因について、当時、農作物生産の低位性、すなわち人口に対する耕地不足、単位面積あたりの収穫量が少ないこと、災害の頻発が指摘されていた(11)。

日中開戦により華北が戦場になったため、流通網が破壊され、併せて水害と干ばつによる不作も重なって、「都市に於ける深刻なる食糧問題を惹起」した(12)。北京や天津といった都市に農村からの食糧が供給されず、著しい不足が生じ、価格が暴騰したのである。また戦争により、「北支と中南支との有機的統一は破壊」され、「中南支から移入していた米・小麦粉・雑穀の供給は途絶」したことも、食糧不足を昂進させた(13)。

開戦から一九三七年末まで北米・豪州粉の輸入が禁止されたため、日本からの小麦粉輸入が大幅に増加し、一九三八年まで続いた。しかし、華北の傀儡政権である中華民国臨時政府が三八年一月から北米・豪州粉の輸入禁止を解除すると、三八年から増加し三九年には急増した(14)。こうした輸入によって、華北の不足する食糧は補填されていた。それでも開戦前の三六年に比べて、三九年一〇月の食糧価格は約二・六倍と高騰していた(15)。

一九三九年には華北の小麦は減産となり、小麦粉不足が深刻化するなか、豪州粉輸入も減少し、日本粉輸入の急増で補填された(16)。しかし、四〇年三月には上海の食糧不足に対応するため、華中の中華民国維新政府は、上海からの小麦粉輸移出を禁じた。これは華北の食糧供給に打撃を与えたが、興亜院が対応して応急的に積み出し証明書を発給して禁輸は緩和された(17)。このように、華北における食糧需給は不安定で不足は解消されなかった。

(二)「北支産業開発」と食糧増産

華北における食糧供給が不安定ななかで、興亜院では小麦や雑穀の増産計画を立てた。これは、興亜院の華北に対する経済政策の転換の一環であった。

日中戦争が短期戦で終わらず長期戦になると、日満支での経済ブロック建設が主張されるようになり、武漢作戦後、「長期建設」が唱えられるようになった(18)。そのもとで華北の棉花・石炭・鉄鉱石・塩などの資源への期待から、一九三九年まではそれら資源の対日供給の優先政策が取られ、輸送の逼迫と民需の圧迫による物資不足とインフレが昂進した。このため、興亜院では「北支産業開発五箇年計画」を策定し、石炭と食糧作物の増産を重点化して、その目標に向けてすべての施策を調整する一方で、開発計画を総合化し、それぞれの増産目標を具体化したのである(19)。また、興亜院華北連絡部は、一九四〇年一一月に「北支、蒙疆国土計画基本要綱案」(20)を作成した。これは企画院で策定が始まった国土計画の参考資料として作成されたもので、三〇年後のこの地域の産業や人口、交通の配分を構想するものだった。そこでは、「北支産業開発五箇年」の意図を拡大して反映させた、華北の「自給化」と重要物資や半製品の対日供給の両立が示されていた[21]。

(1)「北支産業開発計画綜合調整要綱」

では「北支産業開発五箇年計画」の中核的な政策文書である「北支産業開発計画綜合調整要綱」(一九四〇年七月七日)[22]の内容をみていこう。この要綱は、諸増産計画を調整する基幹的な決定で、「第一　方針」で、計画期間を一九四一年度から四五年度の五か年とし、開発目標は「地下資源中特ニ石炭ノ増産並ニ農産資源中特ニ食糧作物ノ増産ヲ二大重点トシ」て、「此目標ニ従ヒテ総テノ企画ト施策トヲ総合調整スルモノ」であった。石炭と食糧作物の増産を二大重点項目とした「理由」も書かれている。石炭は各炭種にわたって埋蔵量が豊富で良質でもあり華北の「最重要資源」で、日満支の生産力拡充の基礎となり、各地への輸移出や地場需要に対応するため増産は「北支産業開発ノ一重点タル」と述べている。農作物は耕地の生産力不足から食糧自給ができていないが、「食糧問題ノ解決ハ北支住民ノ生活ヲ安定セシメ日支経済提携ノ実現ヲ期スルカタメノ緊急方策タル所以ニ鑑ミ」、食糧増産を図り「食糧自給計画ヲ確立スルハ同シク北支産業開発ノ一重点」としていた。農作物の増産は「食糧自給計画」だったのである。

「第二　要領」では「甲」が「石炭増産関係」で生産目標、開発方針、生産条件、開発機構、輸送機関などについて項目別に内容が定められていた。「乙」が「農産物増産関係」で生産目標ではコメの増産による在留日本人(軍隊を含む)の食糧現地調達、小麦・雑穀の増産による「北支食糧自給率ノ向上」に重点を置くとともに、棉花も増産するという「綜合的生産計画ヲ樹立スル」こととしていた。

以下の農産物増産関係では、計画方針が土地改良、河川処理、運河建設改良などの事業は可能な範囲で必要限度の目標を定めて、事業効果、治安状況を考慮して優先順位をつけて実行するとしており、具体的には、土地開発、既耕地の生産力増強、農業水利の改善などが挙げられていた。なかでも農業水利の改善を「優先的ニ施策スル」として重視していた。その方法は、河川、貯水池の利用に重点を置き、それができない場合に井戸灌漑を採用するというものであった。このほかに、土地改良機構の設立、模範地区の優先実施などが挙げられていた。

ここで注目したいのは、この農業水利の項目だけに「理由」がつけられ、井戸灌漑を重視しない理由が記されていることである。その理由とは、井戸建設のためには一〇〇〇円を要するが、灌漑面積は約一・二〜一・八ヘクタール程度で効率が悪いというものであった。では、なぜわざわざ井戸灌漑を重視しないことを挙げ、その理由を記したのであろうか。この要綱は各分野別の計画をまとめる役割をもった文書であったため、次に述べる「北支那小麦改良増産計画」での井戸灌漑計画が大きいことに対して、それを修正するために記載したと考えられる。では、その「北支那小麦改良増産計画」をみていこう。[23]

(2)「北支那小麦改良増産計画」と「北支那粟、高粱、玉蜀黍改良増産計画」

この「北支那小麦改良増産計画」[24]は、一九四〇年七月に、興亜院華北連絡部経済第二局が作成した。この計画では、一九三八年から五〇年の一二年間で、小麦の年産七五万トン増加させることを目標にしていた。すなわち平年作の約六六〇万トンに加えて、約七五万トンを増産し、この増産分のうち、二五万トンは棉花栽培への転作による減産分を補填し、残りの約五〇万トンで輸移入していた量を満たして、華北で自給することを目的とするものであった。

その方法は、「奨励品種ノ増殖普及、耕種法及施肥ノ改善並病虫害ノ防除等」によって、小麦作付面積の半分であった三九一万ヘクタールで単位面積収量の一五パーセントの増収を図る一方で、水路灌漑で一〇万ヘクタール、鑿井による灌漑により一五万ヘクタールの作付面積を増加させて増産するというものであった。この計画にも一つの井戸で約一・二〜一・八ヘクタールを灌漑するということが記されており、そうすると約一二万眼（眼は井戸一つの数え方）の鑿井が必要であった。また、費用は一眼あたり約一〇〇〇円が必要とも書かれており、この鑿井による灌漑

表1　華北の主要食糧農産物生産量（1936～1941年）　（単位　トン）

	小麦	粟	高粱	玉蜀黍
1936年	6,084,252	4,432,200	3,689,100	2,411,100
1939年	3,679,930	2,572,600	2,063,900	1,269,200
1940年	4,077,079	3,775,800	2,782,200	1,916,500
1941年	4,795,000	3,800,000	3,000,000	1,920,000

出典）「占據地域統計」其の一、1941年2月調製　支那派遣軍総司令部
（『大東亜戦争中ノ帝国ノ対中国経済政策関係雑件　第五巻』
外交史料館所蔵、アジア歴史資料センター、Ref ; B08060392000）
備考）小麦は石で数えられていたので、1石＝0,137トンに換算して算出した。

には相当な資金が必要であることが想定できた。しかし、後述するように、その資金を調達することが難しかったようである。このために、全体の調整を行った「綜合調整要綱」では、費用対効果が悪いとの考えから井戸灌漑は重視しないと記述が強調されたのである。

雑穀についても「北支那粟、高粱、玉蜀黍改良増産計画」[25]が作成された。作成は小麦と同じ興亜院華北連絡部経済第二局であった。これらの作物は、「小麦ノ後作」として考えられ、増産は小麦の作付面積を増加させた耕地の利用が考えられた。この増産計画は、一九四一年から五〇年までの一〇年間で、年産を粟で二二・五万トン、高粱と玉蜀黍で各一七・五万トン、全体で五七・五万トン増加させるというものであった。それにより、三品目の平年作九五九万トン（粟四〇九万トン、高粱三三三万トン、玉蜀黍二一七万トン）にこれを加え、棉花増産のための減産分である約三三・五万トンを補塡するとともに、従来輸移入に依存していた粟・玉蜀黍を自給し、高粱では約六万トンを補充して、輸移入を高粱の一五万トンのみにすることを想定していた。この増産のための主な方法は、作付面積の増加だけでなく、優良種子の普及、栽培法の改善、病虫害からの防御が考えられていた。

なお、こうした農産物の生産量の数値については、当時の政策を立案した興亜院官僚の認識に依ったものであり、調査による統計に基づいたものであったが、表1のような一九四一年二月に支那派遣軍総司令部が作成した統計もある。この

資料によれば、実際の平年作は計画よりも下回っていることになる。

いずれにしても、「日満支経済ブロック建設」が本格的に構想されるに至って、華北の食糧増産は華北の食糧「自給」化にむけて、具体的な計画が立案されたのであった。

（3）第二次生産力拡充五ケ年計画農業部門

このように一九四〇年に始まった「北支産業開発」に基づく農産物増産計画は、翌四一年に大幅な改定がなされた。四一年一〇月に興亜院華北連絡部が作成した「生産力拡充五ケ年計画農業部門総括表（米、小麦、粟、棉花、麻類）」[26]にその内容が示されている。このなかに「第二次生産力拡充五ケ年計画農業部門」が収められ、そこに方針や要領が示された。これは、以後の文書では「農産物増産五ケ年計画」と呼ばれた。

「第二次生産力拡充五ケ年計画」とは、一九三八年度を起点にした生産力拡充計画（第一次）が四一年度で計画期間五か年を終了するにあたり、企画院が中心になって一九四二年度からさらに五か年を費やした計画を立案しようとしたものだった。しかし、実際には四一年一二月に始まったアジア太平洋戦争により、計画を立案できなかった[27]。

これにあわせる形で、華北の農産物増産を五か年計画に変更する形になっていた。しかし、実際の改定意図は議会用の説明資料に書かれている。すなわち「戦時下ノ糧食ノ増産ノ要益々緊切ナルモノアルニ鑑ミ」て、四〇年に作成した一九五〇年度までの計画を「短縮シ昭和一七年度ヲ初年度トスル五ケ年計画ヲ樹立シ以テ北支治安ノ確保並ニ現地自活力ノ強化ヲ期セン」がためであった[28]。つまり、華北の食糧状況が逼迫するなか、治安を確保するためには、前年の計画よりも早急に増産を行う必要があったからだった。

「第一　方針」では「北支治安ノ確保並ニ現地自活力ノ強化ヲ期センガ為ニ、極力米、小麦、粟ノ増産並ニ収貨ノ促進ヲ図リ以テ之カ自給ノ飛躍的向上ヲ企図スルト共ニ、重要農産資源タル棉花麻ノ増殖ヲ図リ東亜共栄圏内ノ繊維資源自給ニ資セントス」とされており、「第二　要領」ではコメ、小麦、粟、棉花・麻の項目で具体的な方策が示された。

小麦は単位面積当たりの収穫量の増加により華北の全般的な増産を図り、最終年度には年産九〇万トンの増産を行い、北京・天津や華北の主要都市の需要を充足するというものであった。粟は「北支民衆ノ食糧」なので、特に全般的な増産を図って、これにより小麦と棉花の出荷を促進させる。棉花作付面積による減収を単位面積あたりの収量を増加させることで、約三五〇万トンの生産を企図する。[29] 棉花及び麻は、東亜共栄圏における最適地なので、積極的に増産を図り栽培面積及び単位面積あたり収量の増加を計画して、最終年度において棉花八〇〇万担、麻四万五〇〇〇トンの生産を図る、という内容であった。

ここで二つの点に注目したい。まず小麦の増産について、前年の計画で取り上げられた作付面積の増加に井戸灌漑を利用することには触れていないことである。やはり前年の調整要綱により控えられたことが継続していたと考えられる。次は、食糧の不足分を補填するだけでなく、東亜共栄圏確立のために、棉花増産を強力に推進する計画だったことである。第二次世界大戦の勃発と日米関係の悪化から、英米圏からの輸入が厳しさを増していた。特に棉花は、アメリカ、インドが圏域への主要な輸入元であり、そこからの輸入が先細るなかで、華北の棉花増産を推進する必要があったと考えられる。この二つの点が、アジア太平洋戦争開戦後にどうなったか、次節でみていきたい。

二　アジア太平洋戦争の開戦と食糧増産政策

（一）輸入途絶と緊急増産計画の立案

一九四一年一二月に始まった英米蘭との戦争（アジア太平洋戦争）により、これまで華北の食糧不足を補填していたオーストラリアやカナダなどの日本の勢力圏外からの農産物の輸入が途絶した。これを受けて、現地の興亜院華北連絡部と北支那方面軍甲一八〇〇部隊は、すぐさま一二月中に「華北緊急食糧対策要綱」[30]を立案した。その方針は「現下ノ国際情勢下ニ於テ北支経営ニ絶対必要ナル食糧ヲ二ケ年間確保スルヲ目標」とするもので、「農産物増産五ケ年計画」のほかに食糧農産物の緊急増産及び確保方策を実施し、低物価政策の堅持と日本・満洲国・蒙疆及び中支からの輸移入確保を図り、「消費規正」と特別配給制の整備拡充に努めるとした。つまり、これまでのオーストラリアやカナダからの輸入を維持しながら、増産に努め自活に進むという計画が崩れたため、急遽、二年間で増産を行って華北の支配維持に最低限必要な食糧を確保しようとしたのであった。

その方策は、それまでの方針を二つの点で転換するものだった。第一に、棉花の作付面積の増大をやめ、現状維持とすることである。第二に、小麦生産地帯を中心に二〇万眼の鑿井を奨励して、小麦・雑穀の増産を行うということである。特に鑿井による灌漑は、様々な方策のなかで最も力を入れたものだった。

この方策の細部は、別冊「華北食糧緊急増産方策実施要領」[31]で示された。方針では「飛躍的鑿井計画ヲ強行スル」と書かれ、鑿井の計画が「飛躍的」に行われることが強調された。具体的には一九四二年二月以降四三年三月までに二〇万眼の「鑿井ヲ強行」し、そのうち四二年四月までに四万眼、六月までに八万眼の竣工を図るとしていた。その実施のために、一眼あたり二トンの石炭の無償配給と約五〇円の無利子資金の貸付を行うことも定めていた。

これらの資材や資金の調達と配給の方法も決めていた。石炭は、中国側の傀儡政権であった華北政務委員会から八〇〇万円の助成金を支出させ、その助成金を華北石炭販売会社と山東煤鉱産銷公司に交付し、四〇万トンの石炭を確保して、県公署などが指定する煉瓦工場に配給して、それを使って鑿井用煉瓦を製造して農民に配給することにしていた。鑿井の資金は中国連合準備銀行から華北合作事業総会、華北交通、華北棉産改進会の事業団体に一〇〇〇万円を融資し、これら「実行団体」は農民に対して一眼あたり平均五〇円を一年間無利子の条件で貸付する、その利子補

表2　華北における地区別鑿井計画表

地区	鑿井眼数(眼)	融資額(円)
北京	2,000	100,000
天津	3,000	150,000
保定	20,000	1,000,000
石門	60,000	3,000,000
邯鄲（彰徳）	45,000	2,250,000
山東	35,000	1,750,000
開封（新郷）	15,000	750,000
山西	15,000	750,000
其他	5,000	250,000
	200,000	10,000,000

出典）「別冊　華北食糧緊急増産方策実施要領」興亜院華北連絡部作成、1941年12月（支那事務局農林課『食糧対策ニ関スル綴（其ノ三）昭和一七年度』所収、農林水産政策研究所図書館所蔵）

給費として華北政務委員会から九〇万円を財政支出し、これらの「実行団体」に交付するというものである。実際に、一九四二年二月九日に興亜院華北連絡部次長の塩澤清宣から中国連合準備銀行の顧問であった阪谷希一に対して、融資額一〇〇〇万円を当座貸越で行い、期限を四二年一二月三一日までとするなどの取扱細目が指示されていた[32]。そしてこの「実施要領」は、同じ内容のものが華北政務委員会からも出されていた[33]。

灌漑面積は一眼あたり約二五畝、一九四三年以降は小麦・雑穀で合計五〇〇万畝（約三〇万ヘクタール）の開拓をし、四二年度に七・一万トン、四三年度に一三・八万トンの小麦・雑穀の増産を見込んでいた。地区別の鑿井計画は表2の通りである。

この鑿井の他に、種子消毒、硫安一万トンの追加特別配給による施肥などの緊急施策を併せて、一九四二年一二・七万トン、四三年三二・二万トンの小麦・雑穀増産を見込んでおり、これに中支などの圏域からの輸移入を加えて自給を目指したのであった。増産は日本人用のコメも考えられていて、土地改良による水田の開墾も計画には含まれていた。

北支那方面軍は、一九四二年一月一五日から三日間にわたって、各地の部隊・特務機関の責任者や興亜院華北連絡部事務官らと「政務主任者会同」を開催し、この増産政策を実行に移すために細部にわたって具体的な方法を伝達し議論した[34]。その間の一月一六日には、新民会や合作社、北支那開発株式会社、棉花協会など増産実施にあたる機関の幹部を集めて、「華北食糧対策懇談会」を開催した。この会議では、興亜院華北連絡部経済第二局長の楠瀬常猪から

「緊急食糧対策ニ就テ」が説明された[35]。

そこでは、鑿井を増加させることがこれまで実現が困難だった理由や、この増産政策で特に手当をした点が明確に述べられている。その大要は、華北における井戸による灌漑は、「充分効果ヲ挙ゲ来ツタモノ」であったが、全耕地の数パーセントを占めるにすぎず、これまで奨励してきたがその数はわずかに数千眼しかなく灌漑した土地も少なかった、鑿井の増加を「可能ナラシメナカツタ当然ノ理由ガア」り、「ソレハ一ニ資金テアリ二ニ資材テアリ三ニ労力及ヒ其ノ指導技術デア」った。

こうした条件に対して、二つの方式をもって「鑿井ヲ推進スル方針ヲ樹テ」た、「ソノ一ツハ主トシテ資金ヲ融通シテ鑿井ヲ行ハシム」こと、「二ハトシテハ資材トシテノ石炭ヲ補助スル方法」である、また労力の動員は「各現地兵団、特務機関ノ手腕ニ期待スル処テアリマシテ如何ニ各農村ノ労力ヲ有効適切ニ動員スヘキカト云ウ点ニ本計画ノ重点カアル」と考えている、というものであった。つまり鑿井の増加を阻んできた主要な要因は資金・資材不足にあったのである。それゆえ、この計画を実行するために資金を融通したが、「実施ニ必要ナ資金資材ハ本年限リノモノノテアツテ米年モ再来年モ」、「カカル資金ノ支出、コノ程度ノ資材ノ補給ヲ為スコトニハナツテヰナイ」もので「一年ニ強行シヨウト云ウ」ものであった。

では、鑿井による灌漑が増産に効果的と考えられた根拠はどこにあったのであろうか。一九四〇年に増産計画を作成中に行った現地調査の中間報告が、一九四一年三月にまとめられていた[36]。この報告では、華北は地下水に塩分が含まれ井戸水による灌漑に適さない地域や採算上、設置が難しい地域もあるが、山東省や河北省南西部などでは鑿井灌漑は有効であること、しかし井戸水による灌漑は費用がかかり資金の調達が難しいことから普及せず干害を招きやすいので、資金を提供して早急に井戸灌漑の改良を図り、広範囲に井戸の普及を可能にすることが、華北地域の状況において最も必要なことという結論を出していた。こうした調査結果もあって、緊急増産のためには、採算を度外視して、なんとか一時的に大量の資金と資材を投入して、鑿井を実施する政策が採用されたのであろう。

次にもう一つの政策転換となった棉花栽培についてみていこう。「華北緊急食糧対策要綱」では、要領の第一に「来年度ニ於ケル主要食糧ノ緊急増産ヲ図ル為棉花ニ付テハ其ノ作付面積ハ現状維持トスルモ単位面積収穫量ノ増大ヲ図リ煙草ハ一部縮小、阿片ハ作付禁止ノ方針ヲ考慮シ関係各機関トノ連絡指導ニ任ス」としていた。つまり、「主要食糧ノ緊急増産ヲ図ル為」に棉花の作付面積は「現状維持」としたのである。

一九四〇年七月の「北支産業開発計画綜合調整要綱」では、「北支食糧自給率ノ向上ニ重点ヲ置キ併セテ棉花ノ増産ニヨル日支紡績業ノ原料取得ヲ目標ト」するとしており、食糧増産と同程度に棉花増産も重視していた。この方針のもとに作成された「北支那棉花改良増産計画」[37]（一九四〇年七月）では、作付面積を一二年間で約六倍の一八〇万ヘクタールにする計画を立てていた。こうした計画に対して、作付面積の現状維持は大きな政策転換で、実際には食糧増産のために棉花増産は見合わせられたといえよう。

このように、新たな増産政策は、各地域の実施団体への施策実施と動員の指示が出され動き出した。しかし、興亜院中央に報告されたのは、「政務主任者会同」が終わった一九四二年一月二七日だった[38]。報告と併せて、この政策の実施に必要な技術員や資材の援助を願い出ている。現地主導の緊急増産政策は、中央ではどのように受け止められたのか、次項でみていこう。

（二）日本政府中央の対応

この政策の実施について報告を受けた興亜院中央では、東亜文化協議会の斡旋のもと、安藤広太郎・松村松年・橋本伝左衛門・間部彰ら農業の専門家ら八名に委嘱し[39]、この政策の評価検証を行った。この八名の意見をまとめたものが、一九四二年二月に作成した「華北緊急食糧対策」[40]であった。この文書では、増産方策、流通方策、農業行政機構の整備強化、農業技術指導者の養成の四項目からなっていたが、増産方策について詳しく検証を行っている。四一年一二月に現地で作成した増産政策の事項は「概ネ適切妥当ナルモノト認ム」としていたが「実行ニ当リテハ特ニ留意ヲ要スト思惟セラルル点アリ」と問題点を指摘している。

特に鑿井事業については、二〇万眼の鑿井による灌漑地は約五〇〇万畝で全耕地面積の約一・八パーセントの割合にしかすぎず、「計画ノ規模ハ敢テ大ナリト称シ得サル」にもかかわらず、鑿井工事は「軽易ノ業ニ非ス」で、これまでの鑿井が相当の年月がかかったことを考えると、既設の井戸灌漑耕地の「約三分ノ一ニ該当スル面積ヲ灌漑スルニ足ルヘキ能力ヲ有スル井戸設備ノ完成ヲ僅々一ケ年ノ短日子ヲ以テ遂行セントスルハ負荷重キニ過クルモノト云ハサルヘカラス」と、短期間での実施計画に批判的であった。このため、実施にあたっては一段と工夫と慎重さが必要であるとし、次の三つの方策を挙げている。第一に各井戸の規模はその場所の事情に応じて融通すること、第二に鑿井費用をもっと増額する必要があること、第三に農村の事情に精通する者の意見を聴取して「適正」に実施することである。

むしろこの意見書で、重視したのは種子消毒であった。小麦・雑穀類の病気予防は「当国ニ於ケル之等作物ノ生育状況ヲ観察セル内外ノ農業関係学者ノ何人ト雖斉シク痛感スル」もので、「北支農業ニ於ケル之等作物種子消毒事業ハ先ツ以テ着手サルヘキ最重要ノ食糧増産対策タルヘキモノト信ス」とし、このために農村で指導にあたる技術者の訓練を徹底的に行うことが必要であると記している。このほか、虫害駆除、集荷の促進、消費の「規正」（小麦と雑穀の混合品の普及）、集荷・配給機構の強化、農業行政機構の整備強化について提言をしている。特に機構整備では、興亜院華北連絡部農政室が華北における農政上の企画運営指導など重要問題を処理してきたが、これを拡充するとともに、華北政務委員会の実業総署における農業関係技術者を増加させて地方行政に施策を浸透させることを強化する、農業技術者の養成が重要で「一大養成機関ヲ設置」するべきであると述べている。

このように、現地の大規模な鑿井計画に対して、中央の専門家の厳しい意見が興亜院中央に寄せられるなか、政府・軍の戦争指導部は大東亜共栄圏の全体運営の観点から各地の食糧需給の調整を図る決定をした。一九四二年二月二四日に内閣の第六委員会が決定した「大東亜主要食糧需給ニ関スル暫定措置ノ件」(41)である。第六委員会は、四一年一一月二八日の閣議決定により設置され、南方諸地域における資源獲得と開発など、経済の企画と統制を立案審議する機関で、企画院・外務省・大蔵省・陸軍省・海軍省で構成され、委員長は企画院総裁が、幹事長は企画院次長が務めた。(42)戦時経済の運営や物資動員計画を担う企画院が中核となった、大東亜共栄圏の経済政策を統制する強力な機関であった。

この「暫定措置要綱ノ件」では、現地軍や興亜院華北連絡部の増産計画と異なる方針を打ち出していた。すなわち、日本が占領した大東亜共栄圏内の主要食糧の需給を調整するために、当面の配分や輸移入の量を定めており、華北も不足分を地域外から輸移入することになっていた。この決定には、「興亜院ヲ含ム」とされ、興亜院中央も合意したものだった。「大東亜主要食糧需給表」が作成され、華北の不足食糧は、華中から一五万トンを補塡しても、小麦粉一五・九万トンが不足するとされ、不足小麦粉補塡のために華北で輸移入が必要な数量は、コメ三・三万トン、米粉四・九万トン、玉蜀黍一万トンの合計九・二万トンとされた。ただ、これらは仏領印度支那、タイ、蘭領東印度からの輸入でまかなうとされ、まずはこれらの地域から中国全体が輸移入することになっており、華北に対しては、直接どこから持ってくるのかは判然とはしていない。つまり大東亜共栄圏全域で、食糧の需給調整を図ろうとしたのである。

前出の決定が一年間の暫定的なものであったが、同様の方針は恒久的な方策でも採用される。一九四二年二月に内閣のもとに設置された大東亜建設審議会は、民間の有力者や政治家、各省の中央官僚があつまって、大東亜共栄圏の長期的な計画を審議する機関であった。興亜院中央の官僚も幹事や幹事補佐として計画の立案に携わった。審議会は五月から七月にかけて答申を出していく。その答申のなかで華北にはどういう方針が採られたのであろうか。七月二三日に総会で決定した第五部会答申「大東亜産業（鉱業、工業及電力）建設基本方策」では、華北は「製鉄業、化学工業等ノ画期的振興ヲ期ス」とあくまでも日本のための工業化であったが、華北連絡部が望んだような工業化が図られることになった(43)。

しかし、七月一日に総会決定した第六部会答申「大東亜ノ農業、林業、水産業及畜産業ニ関スル方策答申(44)」では、華北については、コメは軍需や日本人用食糧なので自給を図り、「其ノ他ノ食糧ニ付テハ可成其ノ自給度ノ強化ヲ図リ其ノ不足分ハ他地域ヨリ之ヲ補填スルコトトシ主力ヲ棉花ノ生産増強ニ置ク」と、棉花の増産をさらに進めるために、食糧の不足分が生じることはやむを得ないと考えて、それは他地域からの補填で対応することが示されていた。繊維資源対策でも「棉花ニ付テハ繊維資源ノ太宗タルニ鑑ミ可及的圏内ニ於ケル所要量ノ充足ヲ図ルコトヲ目途トシ圏内ノ適地タル北中支就中北支ニ於テ生産増強ニ努ムルコトトシ之ガ為北支ニ対スル食糧等ノ供給ニ付考慮スルモノトス」と、棉花の生産増強に主眼を置き、華北の食糧自給は考えられていなかった。大東亜共栄圏内での棉花不足は深刻で、当時では需要量の四分の一程度しか圏内で生産ができない状況にあり、軍・政府中央は有力産地であった華北での生産増加に強い期待をかけていたのだった(45)。この方針は、棉花作付面積を現状維持にして、食糧自給を図る現地軍や現地機関とは大きく異なるものであった。

（二）　鑿井事業の実施と展開

中央の方針とは異なっていたが、現地軍や興亜院華北連絡部は「政務主任者会同」での議論のもと、大規模な鑿井事業を実施に移した。この鑿井事業は、一九四二年三月末から六月にかけて実施された、華北における第四次治安強化運動の一環として急ピッチに実行された。

この治安強化運動とは、一九四一年三月に華北政務委員会が開始した運動で、華北での「自治自衛力の強化」「民衆組織の強化拡大」(46)など華北政務委員会の政治力の浸透と共産党の勢力の縮減を狙いとした。四二年一〇月まで五次にわたって展開した。これに対して、北支那方面軍は中国側との緊密な連携のもと、この運動の全面的な展開を主導し支援した。(47)その背景には、四〇年に八路軍が行った百団大戦とその影響力拡大への対抗という意図があった。第四次治安強化運動は、「東亜解放、剿共自衛、勤倹増産」の三大目標のもとに新民会や合作社が実行の中核となり、軍や興亜院華北連絡部が協力し、多くの民衆を動員して展開した。(48)「勤倹増産」とは、まさに日本の現地機関が打ち出した「華北緊急食糧対策要綱」の内容と合致するものであった。

治安強化運動の指針として一九四二年に出された『治安強化運動指針(第一～三輯)昭和一七年八月』の「第一輯　大東亜建設と治強運動」の「第一章　第四次治安強化運動の内容」(49)の「四．勤倹増産」には二〇万眼の鑿井事業などが具体的に書かれ、食糧自給態勢への日本人の協力をもとめていた。さらに「第二輯　民生・経済・産業」の第一七章の「七．増産篇」では、鑿井計画の期間、鑿井用石炭無償配給とその方法、鑿井資金の貸付、地区別鑿井目標、種子消毒計画、施肥計画、土地改良など、ほぼ「華北緊急食糧対策要綱」の内容がそのまま記されている。(50)そして、山東省合作社連合会による鑿井方法の事例紹介もなされている。例えば、鑿井の時期については過去二年間の経験から、二月から三月が地下水や農閑期で労力を得やすいなどから「最も適期」とされている。井戸の種類についても、磚井(かわらい)(煉瓦井)、土井、改良井があり、ある県ではこれまで土井の制作に重点を置いていたが、崩壊しやすいので磚井の方がよいといった提言や、鑿井方法についても、一九四一年度高唐県では集団的鑿井が行われ、各村を一区として予定地を定め、村長が責任者となり村民全員の共同作業で施工すると、二日から四日で磚井一眼を完成させることができる、という実際の工法での有効な工法などが記載されている。(51)

実際の鑿井の実施状況についても記載がある。統計的なものはないが、いくつかの県の割当数に対する完成数などが分散して書かれている[52]。潞安地区長治県では割当数五〇〇眼に対して五月上旬には八割が完成している。この地域の地理的な条件から一眼あたり四〇〇円から五〇〇円がかかり費用がかさんでいるが、新民会の工作により農民を説得し、合作社を中心に場所を選定し、その活動の一部で実行させ、資金も現地調達で不足を補っているという。同じ地区の長子県の場合、割当四五〇眼のうち六割が完成している。この県では合作社運動がさかんで、水田開発に着目し二五ヘクタールを開拓した。また、屯留県では少年団を動員して、目標四〇〇眼中三〇〇眼を完成させた。さらに八路軍の解放区倉庫を攻撃して小麦を獲得したという。沁県では目標の三〇〇眼を完成させた。ここでは工作先鋒隊が中心となって増産を進めているという。

六万眼という最大の割当眼数であった石門地区では、一月末で三万七三二九眼が完成しており、「予定の六月末には完全に計画実現の見込み」としていた[53]。このように日本側の史料には、鑿井が順調に進んで計画を達成する見通しであることが強調されている。しかし、これはあくまで日本側の示した数字であり、記録された冊子に宣伝の要素が込められていることに注意する必要がある。一部の地域しか取り上げられておらず、他地域がどのような状況か分からない。順調な地域だけを挙げている可能性がある。また、それにより灌漑が可能となっているかも明確ではない。石門地区の井戸については、一月の水脈到達数が一万八九九三眼との記載もあり[54]、必ずしも多くはない。井戸を鑿井しても地下水を得て灌漑できなければ、耕作地の拡大はできず増産には結びつかない。日本側の史料からは、この点がどの程度可能になったのかは判然としない。

中国側档案を使った江沛の研究によれば、河北省順徳道では完成した井戸が一万五四六六眼、一〇〇〇眼前後の井戸が製作中であり、また順徳道東鹿県では各村において九〇畝ごとに井戸一眼を掘ると決定し、四月末までに三五四六眼を完成したという。さらに、保定道定県は増産のために厚生班と鑿井監督班を設置し、一九四二年五月三一日までに定県小深河など九一箇所の村落で、合計鑿井四二五眼、棉産改進会が鑿井八眼、各村落で補修した井戸一〇余眼であったとし、安国県では四二年に二四〇眼を鑿井する予定で、既に完成した井戸が四五眼、他は鑿井を急がせているなどの事例が紹介され、華北政務委員会による鑿井と植樹などの増産運動が活発に行われたことを指摘している。[55]

いずれにしても、これら日中両国の史料からは新民会や合作社により、華北において鑿井事業が強力に推し進められたことが分かる。しかし、それが全体としてどの程度実現したかは明確ではない。また鑿井したとしても、水利を得てどの程度耕地が拡大し増産に結びついたのかも分からない。このことについての究明は、今後の課題である。

三　華北に対する農業政策の帰結

（一）食糧不足の招来と増産政策の継続

アジア太平洋戦争開始後、鑿井事業を大規模に展開したが、それによる増産の効果はすぐに出るものではなかった。このため、政府中央が立案した大東亜共栄圏内での食糧需給調整が当面は不可欠であった。

まずは戦争開始後に華北に一六万トンの小麦粉の在庫があったので、数か月はこのストックを適切に措置して需給調整は維持されていた。[56]しかし、それ以後、外米輸送船の配船の不円滑から調達が難しくなるとともに、さらに一九四二年後半以後は、タイの洪水によって集荷、精米、船積などが不能となり、外国米の中国への輸入が途絶すると、上海の食米の逼迫化を招き、中国各所での食糧の需給が崩れ、華北でも食糧が逼迫した。大東亜共栄圏全域での食糧の需給調整は、輸送船の減少とタイでの災害で上手く機能しなかったのである。[57]

それに加えて、華北では一九四二年夏の干害により小麦と雑穀の生産量が著しく悪く、特に京津地区の作柄が不良で、アジア太平洋戦争開戦時の在庫は減少の一途をたどった。[58]鑿井などの様々な施策を行ったものの、気候不良によって増産どころではなくなったのである。さらに、華南地方の未曾有の水害によるコメの不作により、中国全体の食糧需給が乱れ、上海での食米の逼迫と米価の上昇は華北へも影響した。四二年一二月以後は通貨不安も加わって、華北の市場における食糧価格は暴騰し、雑穀一トンあたり四〇〇〇円を上回った。天津市を中心に華北の諸都市では食糧をめぐって「小競合頻発スルニ至レリ」といった状態だった。このため、旧正月を前に、満洲や中支から北京・天津・青島に食糧を急送して放出し、なんとか状況を緩和したのであった。

こうした状況に、一九四三年は、北京・天津・青島地区以外の地域や重要産業従事者以外の食糧は各地の自給に任せるとした。それでもなお一〇〇万トンの供給を確保する必要があると想定し、在庫や地場供給のほか、日本から小麦約二・五万トン、華中から小麦粉一一・四万トン、大豆粕一万トンを、満洲から雑穀二三・三万トン、仏印とタイなどからコメ一三万トンを輸移入することで、極力、需給の調整を図ろうと考えていた(59)。

その一方で、現地では前年の一九四二年末に、再度増産政策を立案した。一二月二四日に「甲第一八〇〇部隊、在北京日本帝国大使館」が作成した「昭和十八年華北農産物増産対策要綱(60)」である。一九四二年一一月に興亜院は新たに設置された大東亜省に吸収され、華北連絡部も在北京大使館に組み込まれた。このため、華北現地での政策立案・実施は北支那方面軍と在北京大使館となっていた。その方針は、「急速ニ華北食糧ノ自給態勢ヲ確立スル」とともに、「大東亜共栄圏建設上緊要不可欠ナル棉花ニツキテモ可及的ニ之カ生産ヲ確保セン」がために「目下実施中ノ緊急増産方策ヲ昭和十八年度ニ於テモ更ニ一層ノ大規模ヲ以テ之ヲ遂行スル」というものであった。

具体的には、棉花については、作付面積を現状維持とし、単位面積あたりの増収を図るという前年度と同じ方針であった。食糧逼迫のために棉花の生産が急激に減少する可能性があるので、重点的に施策を集中して生産を確保するとしていたが、日本側ではむしろ減産への懸念の方が大きかった。次に食糧生産については重点諸施策地区を決定して、技術員、資金、資材を集中的に投入して増産を図り、治安強化などによって生産の安定や集荷の増進に努めるとしていた。そして、その重点地区に対しては、一九四三年一月以降五月中旬までに三〇万眼の鑿井を完遂する、鑿井では大井戸一〇万眼、小井戸二〇万眼とし、それぞれに助成金・融資額に差をつけて支給し、全体の奨励金一二〇〇万円を支出する、さらに前年度に完成した井戸に対して揚水機一万台、揚水用役畜二〇〇〇頭を斡旋して完成井戸の利用率を促進する、また硫安を配付し種子消毒も行う、これらにより小麦約三万トン、雑穀約三・二万トンの増産を図るというものであった。ここで注目したいのは、「甘藷増産ニ付テハ別途計画ス」とさつまいもの増産という方法も考え始めていることである。

この増産対策要綱に基づいて、「昭和十八年華北農産物増産方策実施要領」[61]が一九四三年一月一〇日に同じ機関によって決定されている。この要領では、三〇万眼の鑿井を行って増産を行うための実行機関についてまず定めていた。中央物資対策委員会のもとに農産物増産対策部を設けて、実施に必要な資金や資材の配分は合作社系統で行う、さらに特務機関管轄地区ごとに実施計画や各機関との連絡を図るために、省または地区、さらに県ごとに地区農産物増産委員会を置く、この委員会は軍、行政公署、合作社、新民会、華北交通、棉産改進会、棉業委員会、小麦協会などの地区代表によって構成する、鑿井については、地区の委員会の企画に基づいて県公署により実施し、付帯事業は合作社連合会があたり、施肥、種子消毒、技術指導などは県の委員会の企画のもとに合作社系統が行うといったように、前年に比して施策の指揮系統を明確にしたのである。そして、鑿井、揚水機、役馬、施肥、種子消毒などに前年よりも多くの資金を投入する計画であった。施策が地区ごとに、より細かく記載されたのである。

これらの施策は、前年の未達成を補うものであったのであろうか。詳細は判然としないが、一九四三年度の「支那ニ於ケル食糧増産概況」[62]には、「五〇万眼ニ上ル井ヲウガチ」とあり、この数字は一九四二年度と四三年度の目標眼数を合計したものである。「五ケ年計画ニヨリ増産実施中ニシテ」とも記されており、この「農産物増産五ケ年計画」に加えて二年分の緊急増産対策をすべて併せて実現しようと考えていたようである。

（二）対支新政策と食糧問題

一九四二年一二月二一日に「大東亜戦争完遂ノ為ノ対支処理根本方針」を御前会議で決定した日本は、いわゆる「対支新政策」を実行に移していく。この政策では、対日協力政権の「政治力強化」を目的に、中国側に占領地行政の権限を大幅に移譲することが図られた。[63]

この政策のもとで、華北における食糧農産物の収買と配給方法も変わることになった。それまでは方面軍や在北京大使館が実質的に地場食糧の集荷にあたってきたが、四三年三月以降、一般民需に対しては中国側（華北政務委員会）が地場の食糧を収買してこれに充てる一方で、重要産業や棉花栽培の労働者の食糧調達は日本側があたり、主に輸移入食糧によって賄うことになったのである。[64]このことは、事実上、「急速ニ華北食糧ノ自給態勢ヲ確立スル」ことを断念したことを意味した。

食糧の自給態勢を放棄した要因は、華北の重化学工業化を急速に進める必要があったからだった。大東亜共栄圏内の輸送が逼迫するなか、資源の供給を南方から華北に転換せざるを得ず、日本の戦争指導部はその取得と半製品化・工業化を進めることを決定していく。しかし、その生産を増加させるためには、労働力不足に対応し、労働者に食糧を供給しなければならなかった。[65]また大東亜共栄圏内の繊維資源の確保の必要性から、棉花生産の確保も図らねばならず、棉作への見返りとして食糧供給を行う必要があった。[66]このために域外からの食糧の輸移入が必要と判断し、それを日本側が主導することになったのであった。

一九四三年の小麦の作況は、凶作の後を受けて平年並みで相当の豊作が予想され、雑穀も好調との判断であった。[67]これに対して、中国側の華北政務委員会は、華北物資物価処理委員会のもとに食糧管理局を設けて、小麦については各省・各特別市に日中の商社による採運社を設置し、合作社とともに四〇万トンを目標にした収買にあたらせた。また雑穀については食糧管理局のもとに省長を責任者として四八万トンを目標に収買にあたらせた。(68)一九四三年六月から収買を開始したが、「支那側ノ相当ノ努力ニモ不拘右収買目標ノ達成ハ相当困難ノ見込」(69)であった。これは華北政務委員会の実務経験不足から、各地の収買機関の整備が遅れ、省長と市長の連携もうまくいかず、採運社の活動不円滑で、出廻り最盛期を逸したことが大きな理由であった。(70)また華中における汪兆銘政権による物資流通統制の失敗による物価高騰も影響していたと考えられる。(71)

さらに、輸送力の逼迫も、収買と併せて問題となった。収買しても、それを主要都市に輸送できず、各地で滞留し、都市住民への供給ができなかったからである。集荷と輸送という側面が重要になったのである。四三年後半以降、増産政策も集荷と関連させる方針が採られるようになる。(72)すなわち、小麦や雑穀の集荷が期待できないような地域への施策が控えられることになるのである。

（三）甘藷増産の本格化と新規鑿井事業の終焉

華北の食糧農産物の集荷がはかどらないなかで、甘藷の増産が図られていく。大東亜省は一九四三年七月に「甘藷緊急増産計画案」(73)を立案した。その方針は、「華北ノ甘藷適地ニ本年ヨリ年々約五十万屯ノ累増ヲ目標トシテ甘藷ノ増殖改良ヲ図リ以テ大都市及棉作地ニ於ケル食糧難ヲ緩和」し、一方で「食糧ノ余剰アル地区ニ於テハ彌々其ノ供出力ヲ増進セシメ」るというものであった。小麦や雑穀の集荷がはかどらず、その供給が不足する大都市や棉作地に甘藷を供給して、食糧不足を緩和させようとしたのである。

具体的には、百数県に及ぶ重点県を設定して、増産施策をこの地域に集中して実施する、作付面積も五年間で約三六万ヘクタールを拡張する、この作付面積の拡張は雑穀などの夏作物の減少をもたらすが、雑穀の約三倍の「食糧価値」があり、雑穀に換算して六二万トンの増産にあたる、生産量は第一年度約八二〇万トンから五年後には約一一〇五万トンに増加させるとしていた。この増産計画は、雑穀に換算すると八三万トンの増加にあたることを想定していた。

その後、甘藷の増産と重点地区での集中的な施策は、農産物増産政策全体に取り込まれていく。一九四三年一二月七日に作成された「昭和十九年度華北農産物増産対策要綱案」(74)では、増産のための重点作物と重点県を設定し、集荷を前提にした集中的な施策が打ち出された。重点作物は、小麦、雑穀、棉花、水稲、甘藷とされ、特に棉花を極力増産することが強調された。これは大東亜共栄圏内での棉花不足と、政府中央で華北における緊急増産方針が固まりつつあったことが要因であろう。増産目標は、小麦一二万二〇〇〇トン、雑穀一〇万一〇〇〇トン、棉花三九万六〇〇〇担、水稲籾三万トン、甘藷一二万五〇〇〇トンだった。

重点県の設定は、「行政指導力ノ浸透」できる場所が八路軍の抗日根拠地の拡大により限定されつつあったことや、資材の不足が生じてきていたことも起因していると考えられる。(75)重点県はこの要綱案に基づいた実施要領で作物ごとに記され、細かく施策内容も定めていた。

これまで重要視してきた鑿井事業も重点県のみに「集中施行」し、新規には五月上旬までに小麦・雑穀・棉花用合わせて五万眼の鑿井を行い、一〇万眼の既設井戸の修復による利用促進を図るとしていた。このことは、これまで行った鑿井による井戸があまり機能していなかったことや、新規の鑿井もこれまでに比べてかなり限定的になったことを示していた。そして、甘藷の増産を「大々的ニ行フ」ものとして、鑿井や施肥などと並ぶ施策大綱の一つとして大きく位置づけていた。こうして、食糧増産は鑿井による灌漑面積の増大ではなく、重点的な地域への施策、さらに甘藷の増産にシフトしたのであった。

さらに、一九四四年になると、戦局の悪化に伴って輸送力がさらに減退し、原料や資材の供給が減少するとともに、八路軍の抗日根拠地が拡大して、日本軍の支配地域は縮小した。(76)そうした状況下では、増産政策もさらに変容することになる。一九四四年一二月二〇日に決定した「昭和二十年度華北農産物増産対策要綱」(77)では、「治安、輸送、資材等ノ現況ヲ勘案シ」て増産政策を取るとしていた。重点県を「治安、輸送、其他ノ条件ヲ勘案シ可及的ニ鉄道沿線及重要農業地区ニ集中スルモノ」としたのは、まさに華北の状況を反映したものだった。

注目すべき点は、その主要な方針において、これまで挙げられてきた鑿井計画が無くなっていたことである。その代わりに「小麦後作甘藷ノ奨励ニ依ル生産ノ拡大」が、これまで挙げられてきた優良品種の普及、土地改良、虫害の防止などとともに掲げられた。これに伴って、「増産施策大綱」の二番目に「甘藷増産(小麦後作)奨励」が挙げられ、小麦の後作として大規模に「強行」することが謳われた。そして増産目標を約一二〇万トンとした。これは小麦一一万二〇〇〇トン、雑穀一八万七〇〇〇トンと比しても、また前年度と比べても、極めて大きな増産目標だった。一方、鑿井については四番目に挙げられ、その項目名は「既設井改修及揚水機斡旋」となっていた。つまり「新規鑿井ノ困難性ニ鑑ミ前年度ニ継続シテ既設井ノ利用増強ヲ図ルコト」と、新規鑿井はついに方針から消えたのであった。そして五万眼の井戸の改修と、揚水機四〇〇〇台の斡旋を行うとしていた。増産全体では「生産ト集荷トノ連絡」が重視され、「生産ト集荷トノ連携ヲ一層強化シ之カ成果ハ挙ケテ国策完遂ニ寄与セシムルコト」として、省市区ごとの供出の期待量が掲げられた。この要綱では、前年に引き続き、棉花の増産も強調された。

かくて、アジア太平洋戦争開始時に定めた大規模な鑿井による食糧増産、棉花耕作地の現状維持という方策は、戦局の悪化とともに放棄されたのであった。その代わりに甘藷の増産が図られた。しかし、増産政策の大きな転換があったとはいえ、食糧増産、棉花増産ともにうまくいかず、一九四四年からは両作物の生産と集荷は縮小の一途をたどったのである。

おわりに

華北（北支）地域は、日中戦争下の日満支経済ブロックからアジア太平洋戦争での大東亜共栄圏と、ブロック経済が拡張するなかで重要な地域であった。当初は石炭、鉄鉱、棉花、礬土頁岩などの重要資源の供給地と注目され、日米開戦後は重化学工業化が図られ共栄圏経済の中核的な地域として期待された。また、この地で生産される棉花は、大東亜共栄圏建設において、不足する繊維資源を確保するために不可欠な物資であった。

こうした華北地域の開発には、治安の安定が必要だった。その治安の安定のためには、華北では恒常的に不足していた食糧を、民衆に安定して供給する必要があった。ここに域外からの小麦や雑穀の輸移入を減少させて自給できる態勢を整えるために、「農産物増産五ケ年計画」が立てられ、さらに日米開戦により輸入が途絶すると、「緊急増産政策」が採られたのであった。日本の現地機関は、その「緊急増産政策」には費用対効果が低いと考えられていた鑿井を大規模に行い、灌漑による耕地面積の増大を図るしか方法がなく、そのために対日協力政権に資金の提供をさせようとした。

一方、企画院などの日本政府中央では、大東亜共栄圏内の食糧の移動により、その不足を解消しようとした。日中戦争下で、食糧価格の急騰に伴い、棉作農家は食糧生産に流れ、年産五五五万担を超える生産が、二〇〇万担前後まで急速に減退していた(78)。しかし、大東亜共栄圏内の需給を調整するには、棉花生産を一〇〇〇万担まで増産させることが必要であった。このため、日本政府中央は、華北での食糧生産の増加よりも、満洲や華中さらにタイや仏印からの輸移入で食糧を確保し、棉作の増進を図ろうという意図であった。

食糧不足に対応して、人々が食糧生産へ移動すなわち帰農することは、満洲や華北での重工業化を担う労働力の確保も阻害することになり、労働力の調達困難にもつながる問題であった。つまり、華北地域においては、棉花増産と食糧増産、労働力の調達という三つの課題が競合しており、これら課題を同時に解決することは難しいことだったのである。(79)

日本の現地機関と政府中央で意見に齟齬が生じたのは、競合する課題群に対して、それぞれの管轄での最優先事項を重視したためであった。現地軍と興亜院華北連絡部は治安の確保と工業化を進めるため「食糧自給態勢」の構築を目指し、棉花の耕地面積は現状維持とし大規模な増産には政府中央ほど積極的ではなかった。それに対して、企画院など日本政府中央は棉花増産を強調し、圏内での食糧需給の調整を重視した。このような現地と中央の方針の違いは、現地での食糧と棉花の増産施策に混乱を招くことになった。(80)

現地機関が「強行」した大規模な鑿井事業が、どの程度実現し、どの程度灌漑面積を拡張して、増産に効果があったのか、さらに解明を進める必要があるが、凶作や集荷の問題から、華北の主要都市での食糧不足を防ぐことはできなかった。一方、大東亜共栄圏内の輸送力の減退から、政府中央が企図した東南アジアからの食糧輸入も困難となり、棉花生産も増産どころではなく、減産の一途をたどることになった。(81)すなわち、現地と中央の施策は、どちらも効果を上げることはできず、結局、最低限の食糧を蒙疆・満洲国に依存することになった。そして、華北地域での中国共産党の抗日根拠地の拡大により、日本の食糧・棉花の確保はいっそう困難になっていった。

華北地域での日本の現地機関が実施した食糧増産政策は、同地域に対する日本の支配のみならず大東亜共栄圏建設という経済自給圏構築政策の矛盾と困難が集中して表出したものだったといえよう。それゆえに、日本の政策実施下で、中国の人びとは食糧不足を始めとした困苦を強いられることになったのである。

※本研究はJSPS科研費　17K03090及び20H01311の助成を受けたものです。

注

（1）浅田喬二「日本帝国主義による中国農業資源の収奪過程」（浅田喬二編『日本帝国主義下の中国―中国占領地経済の研究―』（楽游書房、一九八一年）。

（2）弁納才一「日中戦争期山東省における食糧事情と農村社会経済構造の変容」（『東洋学報』第九二巻第二号、二〇一〇年）。

（3）白木沢旭児『日中戦争と大陸経済建設』（吉川弘文館、二〇一六年）の第二部第四章「華北農村掌握と農業政策」。ここでは、第一節「農産物増産政策の展開」で、食糧と棉花増産が論じられているが、現地機関の政策が部分的に取り上げられ、農村での実態とつなげられている。そして、日本の農村掌握や現地の実態から華北特有の農業問題（農民の現金需要をいかに満たすか―筆者記載）が指摘されている。

（4）近年の研究では、内山雅生『現代中国農村と「共同体」―転換期中国華北農村における社会構造と農民』（御茶の水書房、二〇〇三年）、同『日本の中国農村調査と伝統社会』（御茶の水書房、二〇〇九年）、三品英憲「近代華北村落における社会関係と面子―『中国農村慣行調査』の分析を通して―」（『歴史学研究』第八七〇号、二〇一〇年九月）、本庄比佐子・内山雅生・久保亨編『華北の発見』（汲古書院、二〇一四年）、祁建民の中国語による一連の研究などが挙げられる。

（5）「大東亜共栄圏」「経済建設」「皇国」「日満支ブロック」などの当時の政治的な用語や、日本の植民地支配などにともない使用されたが、今日では不適切な呼称（「満洲」「満洲国」「支那」「北支」「蒙疆」など）である地域名は、本来「　」をつけて使用すべきであるが、本稿では煩雑となるため「　」をはずした。なお、日中戦争開始後、中華民国臨時政府は「北平」市を「北京」市と改称した。以後、日本の敗戦までその名称を続けた。本来「北京」市も「　」をつけて使用すべきであるが、本稿では同様の理由から「　」をはずして使用する。

（6）安達宏昭「戦時期日本の国土計画と華北・蒙疆」（『年報　日本現代史』第二三号、二〇一八年）。

（7）興亜院経済第五課「昭和一六年度　北支食糧ニ関スル資料」（外務省記録『大東亜戦争中ノ帝国ノ対中国経済政策関係雑件　食糧需給対策関係』第一巻、外交史料館所蔵、アジア歴史資料センター（JACAR）、Ref：B08060395400）。この「平年」がいつを指すのか明確ではないが、本稿では日本の政策立案者の認識をもとに分析を進める必要から、一応、この数値を挙げた。なお、三菱商事株式会社編『立業貿易録』一九五八年、三三三頁には、「平年一億五千万担」と記されており、中国の一担五〇キログラムの場合には七五〇万トンで、日本の尺貫法に基づくと、一担六〇キログラムで九〇〇万トンとなる。

（8）小麦粉の一袋は二〇キログラム（〇・〇二トン）に換算して算出している。

（9）前掲『立業貿易録』三三三頁。華北では小麦粉だけでなく小麦も輸入していた（「小麦移動高調」「小麦粉移動調」（外務省記録『大東亜戦争中ノ帝国ノ対中国経済政策関係雑件　食糧需給対策関係』第三巻、外交史料館所蔵）、JACAR, Ref：B08060396900）。

（10）山名正孝『支那に於ける食糧問題』（教育図書、一九四一年）一八六頁。なお、輸入は一万トン程度だった（「雑穀移動高調べ」（同前簿冊）。

（11）同前、山名正孝『支那に於ける食糧問題』一二五—一二六頁、一八五—一八八頁。これに加えて、大土地所有者や商業資本による搾取が農民の生活水準を引き下げ、拡大再生産を阻害していたことも挙げられている（一八九—一九〇頁）。

（12）同前書、一九一—一九二頁。

（13）同前書、一九八頁。

（14）大豆生田稔『戦前日本の小麦輸入—一九二〇～三〇年代の環太平洋貿易—』（吉川弘文館、二〇二三年）二二七—二三一頁。

（15）前掲、山名正孝『支那に於ける食糧問題』一九五—一九六頁。

（16）前掲、大豆生田稔『戦前日本の小麦輸入』二三〇—二三一頁。

（17）同前書、二三一頁。

（18）前掲、白木沢旭児『日中戦争と大陸経済建設』。

（19）中村隆英『戦時期日本の華北経済支配』（山川出版社、一九八三年）二五〇—二六六頁。

(20) 興亜院華北連絡部「北支、蒙疆国土計画基本要綱案」一九四〇年一一月（『田辺忠男関係文書』〇〇二／〇八、国士舘大学附属図書館所蔵）。
(21) 前掲、安達宏昭「戦時期日本の国土計画と華北・蒙疆」。
(22) 「北支産業開発計画／分割1」所収（外務省記録『大東亜戦争中ノ帝国ノ対中国経済政策関係雑件　第二巻』外交史料館所蔵、JACAR ,Ref : B08060388800）。
(23) 史料には「井戸一個ノ灌漑面積ハ二〇乃至三〇畝（約一町二段歩乃至一町八段歩）ナル」と記されている。ここから約一・二〜一・八ヘクタールとした。また、畝は約一六・六畝が一町（約一ヘクタール）として、以後の面積換算に使用する。
(24) 「北支産業開発計画／分割2」所収（前掲『大東亜戦争中ノ帝国ノ対中国経済政策関係雑件　第二巻』、JACAR ,Ref : B08060388900）。
(25) 同前簿冊所収。
(26) 「政務関係者会同の件（2）」所収（『陸支密大日記　第一四号　昭和一七年』、防衛省防衛研究所所蔵、JACAR, Ref. C04123742500）。
(27) 山崎志郎『戦時経済総動員体制の研究』（日本経済評論社、二〇一一年）二二一―二二七頁。
(28) 文書名は付されていないが、想定問答形式で作成されている。該当する部分は「北支ニ於ケル食糧増産計画如何」という部分である（『食糧対策ニ関スル綴　其ノ三　昭和一七年度』所収、農林水産政策研究所所蔵）。
(29) この案において、粟の生産量は、前年の計画案の平年作（増産前）よりも少ないが、その理由は分からない。平年作の数値が地域の実情をふまえて、下方修正されたことが考えられる。
(30) 支那事務局農林課『食糧対策ニ関スル綴　其ノ三　昭和一七年度』所収。農林水産政策研究所所蔵。この簿冊は、興亜院を取り込んだ大東亜省支那事務局農林課が、興亜院が作成した文書を引き継ぎまとめたものである。
(31) 同前簿冊所収。
(32) 北連経一第一〇一号「華北緊急食糧対策要綱ニ関スル件」一九四二年二月九日、興亜院華北連絡部次長塩澤清宣発中国連合準備銀行顧問阪谷希一宛、中国社会科学院近代史研究所図書館所蔵。

(33)「三十一年度華北食糧緊急増産方策実施要綱」(「華北政務委員会実業総署関于民国三十一、三十二年華北農業増産実施要綱」所収、J025-001-00078)中国北京市档案館所蔵。

(34)北支那方面軍参謀長「政務主任者会同開催ニ関スル件通牒」一九四二年一月二日、方軍参四密第一号(「政務関係者会同の件(1)」『陸支密大日記 第一四号 昭和一七年』、防衛省防衛研究所所蔵、JACAR, Ref. C04123742400)。

(35)同前簿冊所収。

(36)東亜研究所『北支ニ於ケル井戸灌漑』第一回中間報告、一九四一年三月。

(37)前掲「北支産業開発計画/分割2」所収。

(38)「緊急対策実施ニ関スル件」一九四二年一月二七日、興亜院華北連絡部次長塩澤清宣発興亜院経済部長宇佐美珍彦宛、北連経二第二二五号(前掲『食糧対策ニ関スル綴 其ノ三 昭和一七年度』所収)。

(39)文書には、委嘱した委員について以下のように職名と名前が記されている。「帝国学士院会員、東亜文化協議会評議員、農学博士 安藤広太郎」「北海道帝国大学名誉教授、東亜文化協議会評議員、農学博士・理学博士 松村松年」「京都帝国大学教授、東亜文化協議会評議員、農学博士 橋本伝左衛門」「日本農業技術協会会長、大日本農会常務理事 間部彰」「農林技師 上遠章」「食糧管理局技師 鈴木三郎」「京都帝国大学助教授 柏祐賢」「農村更生協会主事 早川孝太郎」

(40)前掲『食糧対策ニ関スル綴 其ノ三 昭和一七年度』所収。

(41)同前簿冊所収。

(42)「第六委員会設置ニ関スル件」(『公文別録・内閣(企画院上申書類)・昭和十五年~昭和十八年・第二巻・昭和十六年』、国立公文書館、JACAR, Ref. A03023597500 及び「南方経済対策 其ノ一」(『南方経済対策 其ノ一』(国立公文書館)JACAR, Ref. A06033004100)。

(43)「大東亜産業(鉱業、工業及電力)建設基本方策」(『大東亜建設基本方策(大東亜建設審議会答申)昭和一七年七月』所収、JACAR, Ref. C12120393500。)その意図は工業の分散というねらいからで華北連絡部の意図と多少異なる(前掲

「戦時期日本の国土計画と華北・蒙疆」）。なお、大東亜建設審議会については、安達宏昭『「大東亜共栄圏」の経済構想―圏内産業と大東亜建設審議会―』（吉川弘文館、二〇一三年）を参照のこと。

(44) 同前簿冊所収。アジア歴史資料センターでは簿冊が分割されて表示されているので、JACAR, Ref. C12120393800 にも入っている。

(45) 前掲、安達宏昭『「大東亜共栄圏」の経済構想』第二部第二章を参照のこと。

(46) 防衛庁防衛研究所編『戦史叢書　北支の治安戦〈1〉』（朝雲新聞社、一九六八年）四九四頁。また、伊香俊哉「日中戦争期華北占領地における民衆動員と支配」（本書所収）を参照のこと。

(47) 同前『戦史叢書　北支の治安戦〈1〉』四九五頁。同前、伊香俊哉「日中戦争期華北占領地における民衆動員と支配」。

(48) 防衛庁防衛研究所編『戦史叢書　北支の治安戦〈2〉』（朝雲新聞社、一九七一年）一三二―一三三頁。

(49) 「四．勤倹増産」所収（北支軍報道部『治安強化運動指針（第一～三輯）昭和一七年八月』、防衛省防衛研究所、JACAR, Ref. C13031979600）。

(50) 「七．増産篇」同前書、JACAR, Ref. C13031984600。

(51) 「五．山東省における鑿井実施の状況」同前書、JACAR, Ref. C13031985700。

(52) 以下の潞安地区の事例については、同前書第二輯第二章「増産を科学する」の一〇七―一一四頁から引用した。

(53) 「三．食糧篇」同前書、JACAR, Ref. C13031987400。

(54) 同前。

(55) 江沛『日伪〝治安强化运动〞研究』南開大学出版社、二〇〇六年、八四頁。

(56) 「支那食糧事情概況」（支那事務局農林課『食糧対策ニ関スル綴　其ノ四　昭和一八年度』所収、農林水産政策研究所所蔵）。

(57) 同前。

(58) 「最近ニ於ケル支那食糧事情」（前掲、『食糧対策ニ関スル綴　其ノ三　昭和一七年度』所収）及び同前「支那食糧事情概況」、以後の食糧状況についても「支那食糧事情概況」に依った。
(59) 同前「支那食糧事情概況」の「昭和十八年ニ於ケル食糧需給概況」の「北支」の部分。
(60) 中国社会科学院近代史研究所図書館所蔵。
(61) 同前。
(62) 「昭和一七〜一八年/分割6」所収(外務省記録『大東亜戦争中ノ帝国ノ対中国経済政策関係雑件/食糧需給対策関係』第二巻、外交史料館、JACAR, Ref. B08060396200)。
(63) 「対支新政策」については、多くの研究があるが、ここでは波多野澄雄『太平洋戦争とアジア外交』(東京大学出版会、一九九六年)第四章(七七—一〇一頁)を挙げておく。
(64) 「昭和十九年度支那食糧事情概況」(支那事務局農林課『食糧対策ニ関スル綴 其ノ五 昭和一九・二〇年度』所収、農林水産政策研究所所蔵)。
(65) この大東亜共栄圏内における華北重視への転換とその政策については、安達宏昭「『決戦段階』期における『大東亜』経済政策の展開—大東亜省の対『満支』施策を中心に—」(『歴史』第一二六輯、二〇一六年四月)を参照のこと。
(66) 前掲、安達宏昭『「大東亜共栄圏」の経済構想』第二部第二章。
(67) 「昭和十九年度ニ於ケル支那糧食需給ノ見透」(前掲『食糧対策ニ関スル綴 其ノ五 昭和一九・二〇年度』所収)。
(68) 同前。
(69) 同前。
(70) 「一、緒言」(文書名不明)(同前簿冊所収)。
(71) 華中における対支新政策の実施とその後のインフレの昂進については、古厩忠夫「日中戦争と占領地経済」(中央大学人文科学研究所編『日中戦争—日本・中国・アメリカ—』中央大学出版部、一九九三年)を参照のこと。
(72) 前掲「一、緒言」。
(73) 「昭和一七〜一八年/分割5」所収(前掲、外務省記録『大東亜戦争中ノ帝国ノ対中国経済政策関係雑件/食糧需給対策関係』第二巻、JACAR, Ref. B08060396100)。

(74) 甲第一八〇〇部隊・大日本帝国大使館「昭和十九年度華北農産物増産対策要綱案」一九四三年一二月七日、同前簿冊所収。

(75) 在北京大日本帝国大使館「昭和十九年度華北農産物増産対策実施要領」一九四三年一二月二九日、同前簿冊所収。

(76) 前掲、安達宏昭『「大東亜共栄圏」の経済構想』二〇八頁。華北の棉花耕作地において、「治安良好」地区はわずか八パーセントで、日本軍の影響力が弱い地域が七一パーセントであった。

(77) 甲第一八〇〇部隊・大日本帝国大使館「昭和二十年度華北農産物増産対策要綱」一九四四年一二月二〇日、(「昭和一九年／分割2」所収、外務省記録『大東亜戦争中ノ帝国ノ対中国経済政策関係雑件／食料需給対策関係　第三巻』、外務省外交史料館、JACAR, Ref. B08060396600)。

(78) 前掲、安達宏昭『「大東亜共栄圏」の経済構想』一八四頁。

(79) 前掲、安達宏昭「戦時期日本の国土計画と華北・蒙疆」を参照。

(80) 前掲、安達宏昭『「大東亜共栄圏」の経済構想』において、棉花の増産政策について分析した。紡績業者などから棉花増産を「国策」として決定するよう要求が強く、このため大東亜建設審議会で新たな部会が作られ答申を出した。今回の論文で、現地機関の棉花「大規模」増産への取り組みが弱かったことが分かり、それが業者の増産「国策化」要求の一因になっていることが理解でき、華北地域での棉花生産の状況について認識を深めることができた。

(81) 前掲、安達宏昭『「大東亜共栄圏」の経済構想』二〇八頁。

Ⅳ　日中戦争下の華北における日本語教育の実相

齋藤　一晴

はじめに

本稿は、日本軍による華北支配を、教育の視点、なかでも日本語教育の実相から分析するものである。

これまで華北における日本の支配を日本語教育からとらえた研究は、多様な研究領域、視点から行われてきた。例えば、日本軍の宣撫工作と中国社会、対日協力政権研究といった歴史学に関わるもの。植民地や占領地における教育史研究。日本語教育や日本語教員の養成といった日本語教育に関わるもの。そして日本語教育を行ったり、受けた当事者たちの証言や戦後との連続性などである。

なかでも歴史学に関しては、駒込武や小野美里などの著作、論考がある。いずれも日本軍の占領地下における日本語教育がうまくいかなかった原因を、駒込であれば興亜院・日本軍・文部省の関係から扱い、小野であれば興亜院と日本軍、外務省との関係性から明らかにしている。(1)

また、教育学の分野では、青島を事例に、現地人学校や日本人学校の教員、それらのネットワークから青島社会の諸相を描いた山本一生による業績がある(2)。

日本語教育史研究に関わっては、田中寛の研究が全体像を理解するうえで役立つ(3)。田中は、中国における日本語の普及について「言語が戦争に深く加担していく過程を検証する作業でもあり、平和学構築の一支柱となるための必須条件」、「実証的な事実検証によって日中の未決の歴史認識の溝を埋めあわせるためにも重要な作業」と述べて(4)、日本語教育史研究を単なる日本語の教育史として位置づけるのではなく、歴史認識を鍛え、歴史修正主義と対峙するために役立てていくことを意識していることが分かる。

日本の支配や影響下における日本語教育、戦時下における国際交流、対話の手段として日本語が持った意味を論じた研究として、阿部洋や石剛、河路由佳の一連の論考や著作がある(5)。そこに描かれるのは、「交流」や「対話」という名の下に行われた中国への文化事業の実態である。「交流」や「対話」は常に支配や強制、教化と裏表、もしくは紙一重の関係にあったことを問いなおしている。

日本語の教授法の具体的な内容に関わって、日本語を教える際に、テキストに中国語の訳文を記載して中国語も使いながら教授を行う対訳法と、基本的に日本語表記のみで記され、日本語で教授が行われる直接法の対立や両者を支持する論者の意見の相違、その論じ方などと華北における日本語教育を関連づけながら論じたものもある(6)。中国で日本語を教えるために何が必要なのか、技術論だけでなく当時の中国社会や中国人と日本人の関係を分析するために欠かせない領域である。

対日協力政権下の華北における宣撫工作、日本語教育に関わる研究には、中国近現代史を専門とする関智英による資料集の刊行や新民会に関する研究を中心に一定の蓄積がある(7)。

中国における日本語教育に関する研究は、従来、日本による奴隷化教育への批判という性格を持ってきた。それは加害と被害との二項対立的な理解を前提としており、日本語を学んだ中国人を大きく一括りにして論じられることが多かった。また、対日協力政権研究に関わっても、「華北は三番手」で、[8]研究の蓄積が弱かったと指摘されている。

しかし、近年では、新民会の研究が多数発表されるなど、[9]日中戦争下の華北における日本の中国人への懐柔とその受け止め方についての研究は進展しつつある。

日本で刊行された王智新編著『日本の植民地教育・中国からの視点』のなかで王は、日本の侵略戦争であることを前提としたうえで、「中国における侵華教育史は、外的・客観的条件、即ち生活様態と内的・主観的条件（内的営為）とのかかわりあいの存在としての人間の形成史である」と述べ、[10]多様な個人の経験に着目し、個別具体的な事例を積み上げていくことの大切さに言及している。

近年、中国における抗日戦争研究は、女性や教育、文化、比較研究、オーラルヒストリーなど、社会の変化や個人史に着目するものが少なくなく、単純な二項対立による歴史理解や研究スタイルから脱却しようとする問題提起も多い。

一九九六年に駒込武によって書かれた『植民地帝国日本の文化統合』の「はじめに」には、次のような一文がある。「占領地支配の実相に関しては、今後の解明に待つところが大きいことはいうまでもない」[11]。

この一文は、駒込が分析対象を華北に限定する理由や日本の植民地・占領地支配について、日本語普及政策の視点から検討するといった自身の問題意識を述べた部分に書かれている。駒込の問題提起からもうすぐ三〇年になるが、華北における占領地支配の実相に関する解明は、どれほど進んだだろうか。そこで、わずかにでも研究を積み重ねることをめざして、以下を取り組んでみたい。

日本語教育に関わり、何をどう教えたのか、ということだけでなく、それを当事者たちがどう受け止めていたのかを扱う。なかでも、学校、教室、子ども（児童や生徒）といった視点から分析を行ってみたい。その理由として、以下の五つをあげる。

①占領政策を円滑に進めたい日本軍にとって、日本語教育の浸透や普及、つまり日本側への協力や懐柔が最も短期間で見込まれるのは、一定程度の教育を受け、仕事をするなかで社会的な役割や政治的な意識を有している青年層だと思われる。それに比べ子どもに対する日本語教育は青年や成人のものとは異なり、成長後を見すえた中長期的な政策が必要であり政治的な即効性はあまり望めない。日本はどのようにこの課題に対処しようとしたのか検討する。

②一方で、子どもは青年や成人よりも日本語の吸収や上達が早いとも考えられる。子どもたちには大人の利害関係に必ずしも左右されない異なる世界があり、そこで日本語がどのように使われたのかを分析する必要があるように思う。そうすることで日中戦争下の中国の子どもたちが置かれていた状況の一端が見えてくると思うからだ。

③日本人と中国人の子どもや現地の中国人教員とにどのような関係性が築かれたのかを知ることができれば、支配の実相を理解することにつながると考える。支配、被支配という二項対立的なとらえ方よりも、支配のなかにある脆さや被支配のなかにある抵抗の芽を明らかにすることで、両者の姿をリアルに日常レベルから再現できると考える。

④学校のあり方、運営状況などは、日本軍の占領統治の状況を内外に示すバロメーターだと考えられる。証言や当時の授業風景を復元することで、日本語教育の実相を受け手側から迫ってみたい。

⑤子どもといっても、男子と女子では状況が異なる。女子は高学年の修了が求められないことが多く、性差によって支配、被支配の見えてくるものが異なる可能性が高い。そこには日本の中国侵略や朝鮮半島、その他の植民地や占領地に対する支配の本質があるのではないだろうか。

次に、分析地域として華北に着目する理由についても三つの理由をあげておきたい。

①日本の支配を日本語や日本語教育に着目して論じる場合、資料や証言などが華北より豊富な朝鮮半島もしくは「満洲」を分析対象とした論考が多いように思う。そこで、華北を分析地域とすることで上述した地域とは異なる日

本の支配の実相を明らかにしてみたい。なお本稿では、華北政務委員会が統治した、河北省・山東省・山西省・河南省・北平市・天津市・青島市などを華北と位置づける。

②華北は植民地もしくは軍事占領ではなく対日協力政権が統治しており、朝鮮半島や「満洲」とは異なる状況があったこと。場所によっては、支配者、駐留している軍隊が頻繁に変わる、もしくは交差するケースもあり、従来の研究では支配の実相を十分に明らかにできなかったこと。

③華北において日本語は国語ではなくあくまでも外国語であり、朝鮮半島や「満洲」、南洋群島とは違い、言語政策によって日本人との同化を進めた植民地・占領政策と一様ではないこと。

以上にポイントを置いて、各研究領域の成果を総合的に反映させることで、研究史に新たな「占領地支配の実相」を積み重ねてみたい。また、アジア・太平洋戦争から八〇年が経とうとするにもかかわらず、日本と中国との間には、歴史の事実や記憶をめぐって歴史認識の問題が残されている。それに向き合うために本稿を役立てることをめざす。

一　華北の学校における日本語教育

（一）日本の華北侵略と日本語普及への道筋

本節では、日本による華北侵略と、日本語教育の普及へとつながる道筋、歴史的経過について簡単に整理しておきたい。

そもそも日本と中国とを結んだ日本語という存在は、満洲事変や日中戦争よりも歴史が古い。例えば、近代史に限ってみても辛亥革命前の一九〇五年の段階で、年間八〇〇〇人以上の中国人が日本に留学していた。同時に中国に招かれて訪中した日本人は六〇〇人ほどであり、双方を結び、移動する人々が少なくなかったことを示している。[12]

日本が大正デモクラシーの時期にあった一九二四年、対支文化事業が始まる。この事業は義和団事件の賠償金などを使って、中国人留学生の学費援助や東亜同文会、同仁会などによる文化事業が行われた。こうした経過を通して日本語は中国へ広く伝わることになった。日本側からすれば、対話、交流として位置づけた事業も、それはあくまでも日本側の都合であり、一九二五年に中国で起きた五・三〇事件における反帝国主義運動、教育権の回収運動が示すように、中国側の受け止め方は異なるものだった。

翌二六年には北伐が始まり、二七年には第一次山東出兵、二八年には張作霖爆殺事件が起こるなど、中国におけるナショナリズムの高揚と日本の侵略とが真正面からぶつかり合った時期に対支文化事業は展開していったことになる。

このように満洲事変以前から日本は中国、なかでも華北への文化事業、交流を模索しており、その内実、あり方について中国側と大きなギャップがあったことが分かる。これは満洲事変、「満洲国」成立後も変わらない。

日中戦争が起こった一九三七年の七月には、のちに華北政務委員会（一九四〇年）となる中華民国臨時政府が成立。同月、中華民国新民会が組織されると、中国人の青年層、成人をメイン対象とした懐柔、教化が行われるようになった。また、対支文化交流でつくられた北京日本近代科学図書館に「日語基礎講座」が開設され、北京で日本語の普及が強まっていく。いずれも中国側が三六年の西安事件をきっかけに三七年の第二次国共合作によって抗日民族統一戦線を成立させたこととは裏表の関係になる。

翌三八年に中華民国維新政府から日本語の教科書の一つである『日文模範教科書』の刊行が始まる。これ以降、五年間で華北だけで様々な日本語教科書が三八〇〇万部も発行されたという。[13] 同年、内閣に興亜院が設置されると、それまで華北の文化事業部が行ってきた各種文化工作を移管することになる。一九三九年には中華民国新民会が大日本新民会となり日本軍の影響が強まっていく。

一九四〇年には華北日本語研究所が北京に発足。同年、日本語教育振興会が設置され、翌四一年には文部省と興亜院の共管団体として日本語教育振興会がつくられた。同会は雑誌『日本語』を創刊するなど、日本による日本語教育の推進は強化されていった。一九四二年に大東亜省が成立し興亜院の事業を継承すると、華北日本語研究所が『華北日本語』を刊行して華北における日本語教育政策は一貫して続いたことが分かる。

日本軍が大陸打通作戦を開始した一九四四年四月頃には、新民会の会員が一〇〇〇万人に到達し、日本占領下の華北の人口の一〇％程度であったといわれる(14)。同年、「満洲」を除いて中国に派遣された教員は二七九二人。全期間で約六〇〇〇人が派遣されたという(15)。

（二）華北における日本語教育

日本は、日本語教育をどのように位置づけていたのだろうか。また華北における日本語と中国人との接点には、どのようなものがあったのだろうか。

興亜院が日本語の普及について、どのような目標、目的を持っていたのかについて、以下から確認することができる。

興亜院文化部第三課　日本語普及方策要領（草案）　一九三九年六月

「一、日本語普及の根本方針」

支那事変を契機として、日本を根軸主体とする世界史的転換期に進み、我が肇国の大精神八紘一宇の大理想に基き、日本的世界建設段階に進まんとす。［中略］興亜工作の根本は皇道精神を中核とし、生命を帰一する教育にして、内には大陸民族を指導し得る純正日本人への錬成と、外には青少年の教育と一般民衆生活教化に俟つべし。その武器は日本語なり。日本語普及を広く深く徹底し亜細亜語たらしむると共に世界語たらしめんことを期す。

「二、日本語普及要領」目的

日本標準語を普及徹底せしめ、生命力の根源に日本的把握をなすことに努めしめ、業務生活を通し分に応じ亜細亜恢興促進に捧げ、東亜新秩序建設により軈て世界維新への大使命を自覚せしむると共に、日本を主体として強く人類の福祉と平和確立に捧げる生活を楽しませるを目的とす。(16)

日本語は日本を中心とした国際秩序に必要となる「武器」であり、中国人への教化、支配が目的であることが分かる。また、日本語の普及が人類の福祉と平和につながるという考え方であったことも読み取れ、いずれも自国中心のアジア観に基づく内容であると理解できるだろう。

さらに、一九四一年七月に興亜院華北連絡部から刊行された『北支に於ける文教の現状』のなかには、「北支文教指導要領」が載っており、そのなかにある「指導方針」には以下のように書かれている。

従前の容共抗日教育の残滓を芟除し欧米依存の弊風を徹底的に是正するは固より、東亜の新事態を理解せしめ東亜各国共存の必然性及必要性を確認せしむると共に日本精神を中枢として東方固有の道徳を顕揚実践せしめ依りて以て企図する新秩序が支那及支那民衆を匡救し大東亜永遠の平和と繁栄とを招来する唯一の方途たることを深く体得自覚せしめ以て東亜新秩序建設の根基を啓培せんとす。(17)

そして「指導要領」には、特徴的な文言がならぶ。

七、小学校中学校大学と云うが如き累進的教育の観念を是正し各級の学校に於て夫々職能教育に重点を置かしむると共に一面学校をして社会教化の中心たらしむること。

八、中等以上の学校に在りては原則として男女共学は之を廃せしめ女子教育に当たりては東洋伝統の婦徳の涵養に力めしめ各級学校を通じ女子の天分に鑑み良妻賢母たるの資質を啓培するに専念せしむると共に思想指導に留意せしむること。(18)

このように、学校の役割はあくまでも中国人に対する教化であり、職能教育を重視していることが分かる。また、女子への教育は良妻賢母を目的としたものであり、日本の家制度を意識したものであったといえるだろう。朝鮮半島では日本の家制度を持ち込むことで天皇を中心とする国家づくり、支配が行われたことをふまえると、華北の状況と通底、連続するものがあったといって過言ではない。

上述したような目的、目標のもと、華北における日本語教育と中国人との接点は、多様に存在した。以下にその例をいくつかあげてみたい。

華北の学校における日本語教育の規模やその特徴が、以下のように記録されている。

一九四〇年の時点で開校しているはずの初等学校数は約一七〇〇〇校、そこに配属された日本人教員は五五名、中等学校数は約二〇〇校、日本人教員は一一五名、その他高等教育機関などに派遣された日本人が一三〇名程度である。(19)

他の文献では、

華北の中学校約三〇〇〇校の中で正規の日本語教師がいるのは一／三程度。小学校教師は二万人、中学校教師は二〇〇〇人不足している。[20]

と記している。

これらを参考にすれば、中華民国臨時政府の成立から三年が経った一九四〇年の段階でも、日本人教員が圧倒的に不足していたことが分かる。そのため日本語の速やかな普及には日本語ができる中国人教員の養成が急務であり、すぐには対応できない現実に直面していたと思われる。また、そもそも子どもの数、学校数が多すぎてすべてを網羅することは極めて困難だったと考えられる。

中華民国臨時政府に教育部ができると、授業は下記のように必修化されて行われるようになる。

日本語は大学から小学校までの必修科目として、初級小学校三年次から一週三時間、初級中学および高級中学校が一週間三時間、専門学校及び大学が一週四時間ないし六時間。[21]

各教育段階における日本語教育の時間数は、専門学校や大学を除いて週三時間程度であり、今日でいえば第二外国語の学習レベルにとどまっていることが分かる。こうした状況は、教員数の不足とあいまって、華北の学校で日本語を上達させることは簡単ではなかったと推察できる。

学校以外の日本語の接点としては、その全体像を小野美里は以下のようにまとめている。

一般民衆向けの社会教育機関や、北京近代科学図書館（外務省文化事業による経営）、日系国策会社附設の日本語学校、北支宣撫班や新民会でも行われた。また、日本語検定試験、ラジオによる日本語講座などを通じても普及がめざされた(22)。

これら以外にも、以下のような場所や機会が存在した。

日中戦争勃発後、日本軍特務部の決定によって、臨時政府行政部直属の高等学校として新民学院が開校された。当時、日本語ができれば日本側の企業などに優先的に採用される状況もあったので、毎晩二時間の授業で三か月で修了といった成人向けの「速成」コースが多かった(23)。

さらに、以下から検定試験なども積極的に行われたことが分かる。

日本語の普及のために、日本語検定委員会を設け、小中学の日本語教員検定試験を施行し、合格者を各学校の日本語教員とともに北京市各学校の日本語教員を集め、日本語教授研究会を開催した。さらに、日本語を普及させるために、北京市内八カ所に日本語講習所を創設した(24)。

以上のように、学校以外にも日本語を学べる場所は少なくなかった。しかし、いずれも即席養成の感はぬぐえず、日本や日本軍を主体的に理解、協力するような人材を着実に育てることは難しかったと思われ、そういった意味において日本語はなかなか中国社会に浸透していかなかったといえるだろう。また、日本語教育のメインターゲットは、学校に通う児童や生徒ではなく、青年層以上であることが分かる。学校に通える子どもは一部分であり、学校における日本語教育を分析するだけでは不十分であることも事実である。

（三）教科書や授業に見る日本語教育

①どのような教科書がいかに使われたのか

どのような教科書が、いかに使われていたのだろうか。まず以下の研究成果から見ていきたい。

興亜院華北連絡部の調査によれば、教科書としては、県立中心小学校では、藤本万治が中心になって編纂した『正則日本語読本』を使用していた。これは、南満洲教育教科書編輯部の作成した『初等日本語読本』を一部改訂したものである。城内の普通初級小学校では、藤本の後を継いだ大岡保三らの編纂した『小学日本語読本』、首善小学校では飯河道雄著『新体日本語読本』、新民会の主催する新民日語夜学校では大出正篤著『新撰日本語読本』を用いていた。臨時政府教育部の編纂した教科書のほかに、大出や飯河により満洲で作成された教科書を転用することで急場をしのいでいたことがわかる(25)。

このように「満洲」ですでに編まれていたものを転用するケースが少なくなかったことが分かる(26)。また、青島では『正則日本語読本』を使う学校がほとんどだったことも従来の研究で判明している(27)。北京では、半数以上の小学校で『小学日本語読本』が使われたという。具体的には、

小学校の日本語教科書は、第三学年は教育総署編纂『小学日本語読本巻一』、第四―五学年は巻二、第六学年

は巻三が指定されている。初級中学第一学年の教科書は北京市教育局日語研究会編『階梯日本語読本（上巻）』、初中第二学年は教育総署編審会編『初中日本語』巻一、初中第三学年から高級中学第三学年まで教育総署編『初中日本語巻二』を使用となっている。

と記録されている。[28]

「主な日本語教科書一覧」（表1）と照らし合わせてみると、新民印書館から発行されている教科書を使う場合が多いことが分かる。

新民印書館は、一九三八年に北京で成立した日中合弁会社である。その役割は、「中華民国政府編纂の教科書の翻刻発行および日本軍部及臨時政府官庁刊行物の出版などを行う」ことであった。[29]

中華民国臨時政府顧問の曹汝霖が社長（二代目）を務め、副社長は平凡社を創業した下中弥三郎であった。[30]下中には、「排日教科書によって培われた排日感情や抗日思想を根絶する」という政治的信念があったという。[31]

下中は新民印書館の創業にあたって冀東防共自治政府で東方印書館を経営していた飯河道雄と接触している。飯河は、日中戦争開始以前から冀東防共自治政府の委嘱を受け、小学校の教科書の編纂や出版を行っており、下中と経営統合を行うに至る。こうして冀東防共自治政府下における教科書発行のノウハウが新民印書館に伝えられ、活かされることになった。

華北における日本語教科書の刊行は、上述したように日本軍の華北侵略と連動しており、同時に満洲事変以降の日本による中国人への日本語教育を通じた懐柔や教化のための教科書刊行と連続性を有していることになる。

一九三九年一〇月の時点で新民印書館が印刷・発行を行った教科書の種類は、五六種類となっている。[32]翌一九四〇年には、小学校用五九種類、中学校用一四種類、高校用一一種類、師範用五種類と合計で九〇種類にまで急増して

表1　主な日本語教科書一覧

番号	書名	冊数	著者	発行所
1	小学日本語読本	4 （4冊で 1セット）	教育総署編審会	新民印書館
2	正則日本語読本	4	初等教育研究会〔ママ〕	華北書局〔ママ〕
3	初中日本語	2	教育総署編審会	新民印書館
4	階梯中等日本語読本（上）	1	日語研究会	〃
5	効果的速攻式標準日本語読本	3	大出正篤	奉天満洲図書文具株式会社
6	速成日本語読本	2	江幡弘道	大連在満日本教育会
7	新体日本語読本（入門編）	1	飯河道雄	東方印書館
8	初級日文模範教科書	3	北京近代科学図書館	北京近代科学図書館
9	高級日文模範教科書	3	〃	〃
10	日文補充読本	5	〃	〃
11	日本語話方入門	2	山口喜一郎	昭和印刷所出版部
12	日本語入門	1	山口喜一郎・益田信夫	新民印書館
13	日本語初歩	1	〃	〃
14	正則日本語講座（1－2）	2	新民印書館	新民印書館
15	中等日本語読本	4	大出正篤	大亜印書局
16	標準日本語教科書（口語編）	1	岩井武夫	文求堂
17	小学国語読本	12	文部省	日本書籍株式会社
18	ハナシコトバ	3	東亜同文会	東亜同文会

出典：吉岡英幸監修・解説『日本語教育史資料集叢書第七期　華北日本語【復刻版】』第一巻、57頁。
　　　初出：華北日本語研究所『華北日本語』第三月号、新民印書館、17頁。

注）『正則日本語読本』は教育部編審会編、新民印書館発行。

いる。[33] 日本語だけでなく。修身、化学や解析幾何、代数から英語に至るまで、多様な教科のものを印刷、刊行していた。また、小学校から高校までを扱っており、一九四〇年春季の場合、小学校用教科書だけでも印刷数は八四六万冊、出荷数は四六〇万冊である。[34] 中学校は出荷数が一八五万冊となっており、合計で六四五万冊が刊行された。[35] これ以降も教科書の刊行は好調だったと記録されている。[36] 一九四二年の場合、小学校が七九九万冊、中学校が三一〇万冊で、合計すると一〇〇〇万冊を超える。[37] このように、かなりの数の教科書が印刷され、刊行されていたことが分かる。

次に教科書の使われ方について見てみよう。田中寛の研究によれば、朝日新聞外地版の北支版、一九三九年三月二一日の天津からの記事に、

市立師範学校生六時間、省立四中等学校三～四時間、市立五十、私立三十一、計八十一、小学校は五、六年生は三時間、三～四年生は二時間、なお私立中等学校六校も日語教授を実施し、テキストは中等学校は標準日本語教本、小学校は日語普及班編纂の教科書を使用している[38]

と書かれている。

また、

小学校向けの日語普及班編纂の教科書名称がないのは、現場で手作りの速成テキストであったことがうかがわれる[39]

と記している。

これによれば、天津でも先述した北京の小・中学校における授業時間数とほぼ変わらない授業が行われていたことが分かる。特筆すべきは、学校によって、もしくは教員によっては、手作りの教材を使っていた可能性があることだ。これは、既存の教科書を使ったのでは児童が内容を理解できず授業にならなかった場合があることや、各学校、教室で日本語の教授をめぐり試行錯誤が行われていたことを示している。

オリジナル教材は、それを学ぶ児童たちの学習レベルに応じたものにできるというメリットもあるが、作成者の独りよがりな内容であったり、日本語教育の目的である懐柔や教化といったものとは距離が生じるかもしれないというデメリットも考えられる。いずれにしても必ずしも画一的な教え方、授業が行われていたのではなく（むしろできず）、教え手と児童、生徒との関係性のなかで授業がつくられていたことが分かる。

こういった事例は、天津に限ったものではない。一九四〇年、河北省唐山市の豊潤県では、以下の事例が記録されている。

> 右三中等学校に於いては速成日本語読本を使用し、小学校は二校が新体日本語読本を使用し、其他六校は教科書が入手出来ざる為、教員が随意に適当なる教材を選びて教授せり。本県において、小学校日本語教育は高学年のみに限られず、全学年に行はる。(40)

教科書が無いため教員が選んだテキストを使わざるをえない状況が生じている。

関係性といえば、日本人教員と中国人教員の関係性にも注目する必要がある。

北京市では中学校で一週三時間中、日本人教師一時間、中国人教師二時間というように分けている場合が多い(41)。この場合、日本人と中国人の間で、何らかの授業内容の引継ぎや共有が必要になるだろう。ところが、

現実には日本人教師が考えたような日本人教師の指導の下に中国人教師が日本語教授を行うといった状況はありえなかったといえるだろう。さらに、日本人教師と中国人教師がお互いの特性を生かしあって授業を行うといった連携案すらも、実現することは無かったといえる(42)。

教室にも目を向けてみよう。青島の小学校の場合、男女比は、だいたい二対一となっている。特徴的なのは、学年が上がるごとに児童数が減り、なかでも女子児童の人数の減少が著しい(43)。女子児童は、年齢が上がるにつれて学業よりも家事などに従事することが多かったのだと考えられる。

年齢も一年生で六歳から一五歳までが在籍しており、調査した一一の公立小学校で平均すると八・〇～九・七歳だという(44)。発達段階が異なる子どもたちを前に授業を行うことは、きわめて困難だったと思われる。

生徒たちの様子も見ておこう。一九四三年一一月に、天津特別市教育局専員の泊忠雄が天津市立師範学校の生徒一六〇名に行った調査によれば、「日本人と友人になった経緯」について、一六〇人中、二四人が回答している。

・私と山田君は隣に住んでいるので友人になった。
・我が家の隣に住んでいる女の子は、九條美子といい、彼女と私はよく遊び、一緒に勉強をしたりした。そうし

ているうちに仲良くなっていった。
・私と丹野はお互いに言葉を交わしているうちに仲良くなった。
・住んでいるところが近く、よくお互いに尋ねていたから。
・友人がいる。隣人のご婦人とは仲良くしている。
・彼は兵士だが、毎週日曜日、彼らは公園に行って遊んでいる。私たちも行って遊んでいた。何度も出くわして一緒になることで詳しくなり友達になった。(45)

このように教室以外でも日本人との接点があったことは分かるが、あくまでも天津や青島といった都市部の学校に通う子どもたちに限った話で、華北のどこでも見慣れた日常、日本人との関係とはいえないように思う。
一方で、たしかに日本と中国の子どもたちが限定的な空間ながらも接点を持ち、同時代史を形づくっていたこともまた事実であり、日本人による調査、執筆ということで表には出てこなかった中国人の子どもたちの本音がどのようなものであったのかについて、さらに調べることが必要だと考えられる。

②華北で使われた教科書には何が叙述されているのか

「満洲」における日本語教科書の記述の特徴を、日本の植民地下に置かれていた台湾や朝鮮の教科書と比較した竹中憲一によれば、以下のようにまとめている。

「満州」(関東庁、満鉄)の初等日本語教科書が「内地」の国語教科書、台湾、朝鮮の日本語教科書の影響のもとで編集されていることが分かる。(46)

なかでも台湾の場合は、当初、日本の文部省編輯局の『尋常小學讀本 小學校教科用書』（一八八七年）がそのまま使われ、その後、外国人に教えるために工夫がなされるようになったという[47]。朝鮮についても竹中は以下のように記している。

植民地教育の先駆け的存在である台湾の日本語教科書に範を取らず、朝鮮においては「内地」の『尋常小学読本』に依存して教科書が編集されたことがうかがえるのである。ここに「内鮮一体」を建前とする朝鮮における教育政策の特殊性を見ることができる[48]。

では、華北の日本語教科書との連続性や特徴はどこにあるだろうか。それを検証するうえで参考になるのが、南満洲教育教科書編輯部『初等日本語読本』巻一、東亜印刷株式会社、一九三九年版と、教育部編審会編『正則日本語読本』巻一、新民印書館、一九三八年版との比較である。前者は「満洲」で使われた教科書であり、後者が華北で使われたものになる。

まず簡単に『正則日本語読本』の内容を見ておきたい。約一〇〇頁からなり、挿絵とともに「メ」、「ハナ」、「クチ」、「ミミ」、「テ」、「アシ」、「テ　ト　アシ」といった顔や体を紹介する単語から教科書は始まる。その後、「コレ　ハ　クツデス」、「ソレ　ハ　オウタサン　ノ　ボオシ　デス」といった指示語や所有を示す日本語が続き、「アサ　ノ　アイサツ　オ　シテ　イマス」、「センセイ、オハヨオ　ゴザイマス」といった挨拶や「ワタクシ　ノ　ウチ　ニハ　オトオサン　ト　オカアサン　ガ　イマス」、「ニイサン　ト　ネイサン　モ　イマス」といった家族構成を紹介する際に使う内容が続き、最後は「ダンダン　アタタカク　ナッテ　キマシタ。　カワ　ノ　コオリ　ガ　トケマシタ」といった四季を表現する方法を学んで終わっている。

『正則日本語読本』は、(三)の①ですでに記したが、青島のほとんどの学校が使っており、北京でも県立中心学校で使われていた。

『初等日本語読本』と『正則日本語読本』の内容は、ほぼ一緒であり、『初等日本語読本』が『正則日本語読本』の底本であることは一目瞭然である。わずかに違うところ、言い換えれば華北で使うために変更された点は、以下になる。

①『初等日本語読本』の教科書に描かれた挿絵、例えば教室の風景や縄跳びで遊ぶ子どもたちの服装が、中国服ではなく、和服であること。

②人物名が『初等日本語読本』では、「オオサン」となっているものが『正則日本語読本』では「オウタサン」と日本人の名前に変更されている部分があること。

③『初等日本語読本』に書かれた助詞は、「ワ」・「オ」・「エ」だが、『正則日本語読本』は「ハ」・「ヲ」・「ヘ」のように表音式仮名遣いに変更されている点。

④『初等日本語読本』では、「ロバ」と書かれている部分が、『正則日本語読本』では、「ウマ」と書かれていることなどである。

さらに内容的な特徴についてもいくつかあげてみたい。

①日本語のみの表記であり、中国語による翻訳文や解説は記載されていないこと。

②目次が無く、一回の授業でどこまで進めるかは授業者や学習者の日本語の理解度によること。

③日本の植民地下に置かれた朝鮮や台湾の日本語教科書で見られる、神話や紀元節などの説明、仁徳天皇や皇太子殿下といった天皇、皇族などへの言及、英霊や日本兵への顕彰、日本の国旗などはほぼ見あたらない(49)。

④朝鮮で使われた『普通學校　國語讀本』巻一の挿絵で描かれた人物の衣装は、朝鮮の伝統的な服装だが、『正則

日本語読本』では和装であること。
⑤『普通學校　國語讀本』巻一では、「カゼ　ニ　クルクル　カザグルマ」、「ミズ　ニ　グルグル　ミズグルマ」といった擬音語や「ムシ　ガ　ナイテイマス。リン、リン、リン、チンチロリン。スイッチョ、スイッチョ」といった擬声語、擬態語などが記述されており、(50) そうした日本語の表現方法については、『正則日本語読本』よりも豊富であり学習者が習熟度を高めることは難しい。それと比較して華北の教科書は初歩的な学習にとどまっていること。
⑥『正則日本語読本』が日常会話を中心に反復練習を意識した内容になっているのと比べると、『普通學校　國語讀本』巻一の最後にはトラと人間との物語が書かれており、読解力が求められ難易度も異なる。

⑦中国人と日本人との会話が描かれていない。

総じて、華北における日本語教科書に記述された内容は、日本が近現代史のなかで侵略、植民地にしてきた道のり、つまり台湾、朝鮮、「満洲」の延長線上に位置づけられ連続性を有している。またそれは「内地延長主義」ともいえる性格でもあることが分かる。

しかし、朝鮮や台湾の日本語教科書に見られるような、日本による支配や日本人としてのあるべき姿を明示するといった内容は限られる。あくまでも外国語としての位置づけを維持しつつ、日本語を通じた教化、懐柔を図るための内容が模索されたといえるだろう。(51) それを示しているのが『正則日本語読本』に描かれた人物がみな和服に変更されていることだ。和服にすることで、日本を外国として位置づけている。

日本の国語と台湾の日本語教科書に、ほぼ同じものがあるように、「満洲」と華北にもほとんど変化がないものがある。これは、日本側からすれば十分な事前準備や編集ができないまま教室での運用や教員の日々の授業のなかで授業内容や教授方法について試行錯誤が繰り返されていたことが分かる。こう考えると日本語の浸透には一定の時間が必要であったことが推察され、「満洲」だけでなく多民族が暮らす華北では、朝鮮語やモンゴル語といった母語との

表2　『小学日本語読本』巻二　目次

1	四ネンセイ	13	カンガエモノ	25	ハル　ガ　キタ
2	アキ　ノ　ハジメ	14	フエ	26	ウンドウカイ
3	クダモノ	15	ユキ	27	アヒル
4	エンソク	16	コンゲツ	28	植樹節
5	オツキサマ	17	コヨミ	29	ハト
6	ナワトビ	18	シンネン	30	ハサミ
7	アナタ　ノ　ナマエ	19	フユヤスミ	31	ワスレモノ
8	一シュウカン	20	トケイ	32	アサガオ
9	ニンギョウ	21	ワタクシノ一日	33	カエル　ト　ネコ
10	ウサギ	22	カゲエ	34	テイシャバ
11	ドウブツ	23	シホウ	35	ブタ
12	マリナゲ	24	イス　ト　フウセンダマ		

出典：新民印書館出版所編印『小学日本語読本説解』巻二、新民印書館、一九三九、目次より作成。
http://read.nlc.cn/OutOpenBook/OpenObjectBook?aid=416&bid=43655.0

関係性から習得に時間がかかる、もしくは民族によって日本語学習の難易度が異なった可能性も考えられる。

華北で使われた教科書には、「満洲」の日本語教科書を底本とした『正則日本語読本』とは異なり、試行錯誤を経て刊行されたものもある。例えば、北京の半数以上の小学校で使われていたという『小学日本語読本』巻二を参考に見てみたい。

この教科書は、小学校四年生で使う教科書ということになる。表2から分かるように、三五の項目から構成されており、タイトルを見る限り『正則日本語読本』と同じように、戦争や植民地支配を連想させないものになっている。(52)

『正則日本語読本』との最大の違いは、日本語の例文に中国語の翻訳が付されていることだ。華北では、対訳法（中国語の訳文あり）もあれば直接法（基本的に日本語表記のみ・日本語で教授）もあったことを示している。指導法をめぐっては対立や論争もあったが、実態としてはどちらであっても日本語を教え、学ぶことは簡単ではない、ということだったと思われる。また、挿絵が一切ないことも大きな違いである。さらに、12の「マリナゲ」では、中国人の「王仁さん」

と日本人の「太郎さん」が以下のようにマリナゲをしている様子を描いているところに特徴がある。

王仁サン　ト　太郎サン　ハ、マリナゲ　ヲ　シテ　イマス。王仁サン　ハ　マリ　ヲ　ナ（投）ゲマシタ。
太郎サン　ハ、ソレヲ　ジョウズ（上手）ニ　ウ（受）ケマシタ。(53)

これを読むと日本人と中国人とが会話をしたり、共同作業をしていることが分かる。そこには友好的な雰囲気が示されており、中国人に対する教化、懐柔が目的であると考えられる。『正則日本語読本』よりも内容に関して試行錯誤が行われたことが推察される。

③授業で教科書はどう使われ、分析されていたのか

授業の様子を復元することで、教科書がどのように使われ、子どもたちの反応を知ることにもつながる。そこで『華北日本語』に掲載された「研究授業及研究会概況」を手がかりに考えてみたい。

一九四三年一二月以降、一九四四年一〇月までに五回にわたって「研究授業及研究会概況」が掲載されている。一九四三年一二月の場合、大使館員二名や『華北日本語』を刊行している華北日本語研究所の所員一七名、所員以外二名が参加して授業見学及び授業後の意見交換が行われている。

参加メンバーを見る限り、日常の授業ではなく、日本語教育に関わる専門家や外交官といった特別な立場にあるものが参加した、いわばデモンストレーション、用意された授業といってもいいだろう。そうした授業であることをふまえつつ、以下、授業案及び記録を紹介したい。

日時：一九四三年一二月二五日（土）　十時半
授業場所：北京市立府学胡同実験小学校六年乙組（男女学級四二名）
授業者：佐藤保眞
教材：小学日本語読本　巻三　二九課　オオドウリ
教材観：本課は人、車の往来最も激しい「大通り」の情景を叙したものであり、北京のコドモにとってはその誰もが目撃、体験する生活教材である。
新出語彙は相当多いが車の名前等はこれ迄話し合ったこともあるし、その生活に関連深い語であるだけに、さ程の困難は無いと思う。〔以下、省略〕
授業趣旨：繁華な大街の情景について話しの習熟を図ると共に左側通行への示唆を與へる。
準備：「オオドウリ」の情景を表はす掛図。
配当時間：第一次　六一頁四行目ミンナ左カワヲアルイテ行キマス。迄を主として話の練習。
第二次　前次の練習と末尾の四行を主として話の練習。
教授過程：第一次（本時）
一　挨拶と「始め」の話し合いこれは毎時の習慣で「月日、曜日」「今日の天気」「欠席児童」「遊びの時間のこと」「学校行事」等々の何らかについて話し合います。
日本語の雰囲気を醸しだしながら本教材へと導入して行きます。
二　本教材への導入的扱い
○オキヤクサマガ　オウゼイ　イラツシヤツテ　ニギヤカデスネ。
○アナタハ　学校ニ　アルイテキマシタカ。

○ジンリキシヤデ……。
○三リンシヤデ……。
○ミチヲ　アルクトキニハ　ミチノドコヲ　アルキマスカ、等々。
三　掛図を提示して
○ココハ　ヨコチヨウデスカ、……オオドウリデス。
○問答によって
ヒト（オトコ、オンナ、コドモ）イエ（大キナイエ）ジテンシヤ、ジンリキシヤ、三リンシヤ、バシヤ、ジドウシヤ、デンシヤ、ジユンサ、ニギヤカナオオドウリ、等の語彙を確かめる。
○範詰及問答により練習を重ねつつ大体読本スタイルの語系へと話との習熟をはかる。
［中略］
授業者の挨拶及び時評：
批評：
（長所）
・まず教授者の熱意に動かされる。研究授業の第一陣を引き受けられた点にも敬意を表する。
・教授者が終始親和的態度を以て臨んだこと。例えば生徒の答えが間違っていても、それを軽く柔らかく包んでいく態度等。［中略］
（短所）
・教授者の日本語そのものの語尾がやや不明瞭。ポケットに手を入れたり鞭で生徒を指したりするのは訓育上どうか。

・生徒に活気がやや不足。そのため教室活動が少し沈滞気味。
・挨拶の態度が形式化している。
・教材の分析が不徹底。そのため主題把握が不明確。
・掛図が本課の主題から見てやや不適切。(54)
・授業者の言葉にまだムダ・ムリ・ムラがある。例えば説明が多すぎる等。
・教えよう教えようとする意識が強すぎて、そのために授業者が教科書の原型にとらわれすぎ、問答がとかく機械的に陥り、よい答えがでてもそれを取り上げて発展させるということがない。[以下、省略]

この記録を読む限りでは、意見交換の際、あるべき日本人像や日本語教育の役割といった政治的な内容は一切ない。あくまでも教材論や授業論、生徒観、教員のモラルなどをめぐって行われている。なかには、「教科書の原型にとらわれすぎ」と教科書「を」教えることへの疑義を述べているものさえいる。また、本来、最も重要であるはずの日本語のレベルや習熟度に関する発言が無いまま授業者の力量への意見や批判に終始している。

いずれも日本語教育の内実を問わず、個人の教える技量だけに固執する政策としての稚拙さと、中国社会の現実、子どもたちとの断絶を象徴しているのではないだろうか。教員と生徒とのやり取りが記録されていないため授業の細部を知ることはできないが、子どもたちの存在を感じない記録になっている。

二　日本語教育の実相と限界、そして抵抗

（一）子どもたちを襲う生活苦

芳井研一『難民たちの日中戦争　戦火に奪われた日常』によれば、華北各省の難民数は以下のように推定されるという[55]。

	難民数	人口	人口百分比
河北省	六、七七四、〇〇〇	二八、二三六、七六五	二三・九九％
北京	四〇〇、〇〇〇	二、五八八、九九七	一五・四五％
天津	二〇〇、〇〇〇	二、〇〇〇、〇〇〇	一〇・〇〇％
山東省	一一、七六〇、六四四	三八、二九五、八一二	三〇・七一％
河南省	一四、五三三、二〇〇	三三、四一七、三三七	四三・四九％
山西省	四、七五三、八四二	一一、五七七、七九三	四一・〇六％

これらの数値によれば、河南省や山西省では人口の半数近くが。河北省では四人に一人が難民化しており、継続して日本語教育を維持することが実質的に困難だったと思われる。

芳井によれば、日本軍が進駐した都市では、人口が激減したという。また、一部の大都市には難民が流入して人口

が増加したと述べている[56]。大量の難民が発生した結果、学校の運営どころか毎日の生活さえ維持できない状況だったと思われる。さらに、具体的な状況を以下のように記している。

同蒲線の侯馬鎮で宣撫活動をした梅津兵団第七兵站部の騎兵中尉生駒勇の手記によると[57]、侯馬鎮のあまりにも荒れ果てた姿に呆然とした……［中略］良民証交付を求める住民が毎日一〇〇人、二〇〇人と増えていった。住民は、良民証を得なければ元の生活に戻れなかったのであり、やむを得ない選択だったのだろう。生駒中尉は、住民大会を開かせ、小学校を再開させた。だがそれもつかの間で、五月上旬に中国軍が侵入して戦闘となり、住民は再び四散してしまう[58]。

中国人にとって、生活のために背に腹は代えられず良民証の交付を求めていることがうかがえる。また、学校は治安維持のバロメーターとして存在しており、日本軍の宣撫工作にとっては優先課題であったことも分かる。そして、一旦、戦闘が起これば住民は何度でも四散、難民化したことが読み取れる。日本軍による日常生活の破壊であり、四散は中国人ができる最低限の「抵抗」の一手段だった。そうした状況下で日本語を教え、学ぶことは実質的にできなかっただろう。

では、子どもたちはどのような生活状況に置かれていたのだろうか。まず山西省のケースを見てみたい。

〇―一五歳の子どもの人口が総人口の約三〇％を占めていた。そのうち学齢期（六～一五歳）の子どもが二／三程度を占める。この比率にもとづいて推定すると、一九四五年頃、華北の根拠地における学齢期の子どもは約一三〇〇万人と考えられる。子どもは独立して生活する能力が無く、彼らは家庭や父母を頼らざるを得ないが、中国の農村は貧しく、農村の子どもの多くは小さい頃から生活のための家庭における労働力を補う役割を担った。(59) 貧しい家庭が戦争を経験すると生活はさらに厳しくなり、あっという間に生活が転落してしまうことも容易に起こりうる。

華北では一五歳までの子どもが人口に占める割合が多いことが分かる。その多くは、貧しい家庭を支える労働力であり、日中戦争によって生活が脅かされると、学校に通うどころではなかったことが推察される。さらに、以下のようなデータもある。

抗戦初期の華北抗日根拠地では、一〇人中九人が非識字者であった。晋西北の遅れた地域は、中国のなかでも荒廃が進んだ場所とよばれ、非識字率は約九〇％で、例えば、臨県は九五％、保徳は八三％を占めた。(60)これによれば日常生活の簡単な読み書きさえできない人たちがほとんどであり、日本語どころか中国語の読み書きを修得することも簡単ではない状況であったことが分かる。戦争によって荒廃が進めば状況はさらに悪化しただろう。

子どもたちの生育環境についても見ておこう。

公衆衛生が遅れていたため伝染病の蔓延が生じて子どもたちは高い死亡率だった。調査によれば一九三〇年代、全国の一般的な死亡率は三〇％程度である。そのうち一／三〜二／五は、六歳以下の子どもであり、仮にこの割合を全国にあてはめた場合、死者は一二〇〇万人程度。そのうち四〇〇〜五〇〇万人が六歳以下の子どもということになる(61)。

公衆衛生が遅れていたため伝染病が容赦なく子どもたちを襲い、なかでも六歳以下の子どもの死亡率が顕著である。つまり、日本語教育を受ける前に亡くなる子どもが少なくなく、たとえ学校へ通えたとしても、途中で病気や栄養不足などにより行けなくなるケースがあったと思われる。

さらに以下は、子どもたちの生育環境がどれだけ過酷であったかを示している。

公共衛生の発展が弱いことは、子どもたちに生じる病気を予防したり治療したりすることができず、彼らの体格の貧弱さは重大だった。一九三五年、北平第一衛生事務所が一四七九人中三三六人に体格上の問題がみられ、同年、同事務所が四五六人の新入生に行った体格の検査の結果、健康にまったく問題のない子どもは非常に少なく、その割合はわずか二三%だった(62)。

ここから少なくない子どもの体調や体格に問題があることが分かる。たとえ進学したとしても日本語を継続して学ぶことが困難な健康状況だったといえるだろう。

上述してきたように子どもたちの生育環境をめぐる状態は、劣悪を極めたといってよい。さらに、日本の華北への侵略は、中国側の軍事費の増大をもたらした。例えば、以下の事例を見てみよう。

抗戦期の晋冀魯豫辺区の支出のうち、もっとも多かった軍事費の占める割合は九〇%程度で、文教費や行政費、建設費および社会保障費などはわずかに一〇%を占めるにすぎなかった(63)。

抗日根拠地では軍事費の支出がほとんどであり、非識字率が劇的に改善することは望めない状況だった。日本軍の侵攻は、子どもたちの将来設計や多様な選択肢を大きく狭める要因になったと考えられる。日本側の政策に着目すると日本語を学ぶ環境が身近にあったようにも思えるが、それは大都市や駐留する軍隊によってかろうじて都市の機能が維持されているところだけであり、少なくない中国人は日本語を学ぶどころか、戦火から逃げまどうことで精一杯の日々を送っていたと理解するのが妥当だろう。

下記の短歌は、そうした戦時下の日常を示しているのではないだろうか。

荒れはてし　校舎のなかに拾いけり　小学生の抗日図画を

これは、一九三〇年代に中国戦線で戦った日本兵が残した一首である。(64) 日本兵の眼には、占領した都市や農村、子どもたちが通っていた学校、教室が映っていたことが分かる。多くの学校は学び舎から戦場へと変わり、この一首には子どもたちの様子が具体的に描かれていない。子どもたちのなかには、戦場で歩哨に立つことや「少年兵」や「児童団」として銃を手に取る者もいた。そのような理由から、日本語教育を受けた子どもたちの経験は、個別具体的に事例を集め分析する必要があるだろう。

(二)　証言から日本語教育を考える

ここでは日本語教育を受けた側、つまり中国人の生徒がそれをどう受け止めていたのかについて、証言から考えてみたい。

①李保善　一九二六年生まれ　本籍地：山東省
　　占領期間中の在籍学校：青島市立中学初等部
日本人は中国の知識分子への監視が特に厳しかった。私は、彼らが私を知識分子だと考えることを恐れた。そのためいつも教養が無いような様子を装った。私はアコーディオンを持っていたが、それを発見されて知識分子だと言われるのを恐れた。アコーディオンを壊して床板の下に埋めた。[65]

この証言からは、みずからを偽る必要性が生じた状況、いうなればそうしないと生きていけない日々を生み出した存在が日本軍であったことが分かる。みずからを保つことで自分だけの抵抗をしていたことが読み取れる。日本語の上達が早いことは日本軍にすれば懐柔、教化の成果として望ましいことかもしれないが、一方で知識を持ち知的好奇心が強いと日本軍に思われ、目をつけられかねない要素を含んでおり、日常生活のなかで自分自身に向き合い、現実的な将来を考えることに迫られたと思われる。

②李後亮　一九二七年生まれ　本籍地：山東省
　　占領期間中の在籍学校：青島市立中学
日本語のテストのたびに、それが得意なクラスメイトが私たちに解答を教えてくれて合格していた。あるとき李という中国人の日本語教師がテストの監督にきた。彼は私たちに日本語を学びたくないのに学んでいることに同情してくれた。そのため私たちは本をだしてそれを書き写した。李先生は私たちに「ドアのところに立ってみんなのために外を見ている。日本人が来たら咳ばらいを三回するから本を机のなかにしまいなさい」と話した。

こうした中国人の先生が密かに助けてくれた結果、私たちの日本語は不合格になることなく進級もしくは卒業することができた。しかし、実質的に私たちの日本語は笑ってしまうほどのレベルしかなかった。(66)

この証言では、教室の様子が再現されている。それによれば、カンニングを中国人の日本語教員が許容していることが分かる。言い換えれば、カンニングという抵抗ともいえる。集団で行うカンニングは、往々にして出題者も答案用紙などから察知することが可能だと考えられる。しかし、それを実質的に見て見ぬ振りをせざるをえない日本人教員がおり、学校、教室で日本語教育が機能不全に陥っていると思われる。こうした状況では、日本語の早期習得が難しいこともうなずける。

③呉宝林　一九二七年生まれ　本籍地：山東省
　占領期間中の在籍学校：青島学院商業学校

私は隣の席の太田稔と仲が良かった。彼の家は木材工場で床板などを輸出していた。私は長期休暇のたびに彼の工場へアルバイトに行き通訳をしてその年の学費にあてていた。一九四四年、彼は陸軍に召集された。出征する際、私が彼の家に行くと私に重たい口を開いて、「私は兵士になっても決して中国の民衆を殺さない」と話すと何発かの銃弾を持って、それを空に向かって投げ「安心して」と言った。

ほどなく別の日本人のクラスメイトも出征していった。いわゆる神風特別攻撃隊のパイロットとして。彼は伊藤といった。家は食堂をしていた。私と何人かの日本人のクラスメイトとお酒を飲みに行った。その際、彼らはみな泣きながら永遠の別れを惜しんでいた。本来、そうした日本人のクラスメイトとは交友関係は乏しかったが、突然親切になって飲みに行くことになった。彼らは私に「天皇の命令に背くことはできない。死にゆくのみ」と話した。(67)

証言から戦時下における中国人と日本人の「交流」の一端を垣間見ることができる。そこでは日本語が「交流」の共通言語でもあり支配の言語でもあった。「交流」の中身が日本軍の戦況に左右されていたことも分かる。学校における接点だけでなく、それ以外での「交流」が少なくなかったことも推察できる。それは、彼らにとっての日常だったはずだが、支配する側とされる側、もしくは利害関係のなかにおける関係性として、どのように本人たちが受け止めていたかは、証言から十分には読み取れない。しかし、「突然親切になった」と記していることから分かるように、日本人の気持ちを推し量ることはできたとしても「越えられない壁」があったことは間違いない。

④金素蘭　一九二二年生まれ　本籍地：湖北省

占領期間中の在籍学校：北京市女一中・北京市女三中

日本語の先生は日本人だった。教え方を分かっていなかった。あるとき彼が教室に入ると、大部分が空席だった。彼は語気を強めながら班長に寮に生徒を探しに行くように伝えた。生徒たちが一人ひとり教室に着いた頃には、もう少しで授業が終わる頃だった。彼は「あなたたちは抗日であっても日本語を学ばないといけない」と言った。どうやら生徒たちの侵略者に対する授業放棄であることに気がついたのである。(68)

この証言からは、授業をさぼる、ということが抵抗のスタイル、いうなれば生徒たちにとってのシンボル、明確な意思表示であったことが分かる。それを把握したうえで日本人の教員が行う授業は、どのようなものなのだろうか。いわゆる授業崩壊している様子が目に浮かぶ。

同じ人物は、以下のような学校以外での証言も残している。

　市から中国人の校長が派遣されてきた。彼女は私たちに日本語を教えていたため私が勉強を頑張り成績がよかったことを知っていた。卒業後の話しをした際、私の家が貧しく大学を受けられないことに対して、彼女は私が大学に入ることを後押しするとすぐに話した。［中略］なぜか分からないが、私は当時、中国人の校長に疑念を抱いていた。彼女は日本での留学経験者であり、日本人との関係が深かった。また市から派遣された校長であり、性格はすがすがしく、また小さなことにこだわらないものだったが、それまで教わってきた別の中国人の先生のようには信頼できなかった。そのため私は最初に給料をもらった際、果物やお菓子を買って彼女の家に行って感謝の気持ちを伝えたものの、それ以降は連絡をとらず、仕事を辞めて日本軍の勢力が及んでいない場所へ行くという大事なことも彼女には伝えることができなかった(69)。

この証言によれば、同じ中国人であっても信頼関係が築けない場合があることが分かる。日本語や日本語教育が人間関係や「交流」を規定したり分断しており、教室を離れても生活に影響を与えていたこともうかがえる。

以上のようなわずかな証言から華北全体の日本語教育をめぐる受け手の状況や感情を明らかにすることはできないが、教室や日常生活のなかで日本人と中国人がどのような関係をつくったのかをうかがい知ることはできるだろう。そこには「奴隷化教育」という一言では片付けられない複雑な関係性や状況が生じていたといえる。

（三）日本語教員が置かれた状況と日本語教育

華北で日本語を教えていた日本人もしくは中国人の教員たちは、どのような教育環境に置かれていたのだろうか。またそれをどのように認識していたのだろうか。

興亜院の調査によれば、以下のように日本人教員が募集を超える応募があるにもかかわらず、定着率の低さ、転出が続出していることを危惧していることが分かる。

本地区における日本語教育は開始以来教員、教科書、教授時間数等総て不統一なりしを以て、二七年一月［訳者注：一九三八年］より統一する方針を決めて実行せり。即ち、直轄及び県立の師範学校、簡易師範学校、職業学校、中学校等の中等学校には日本人教員を配置することとなり、二六年一二月奉天、天津二箇所に於いて採用試験を行えるに、三十余人の募集に対して約三百人の応募者有りき。試験の結果、三十四人が採用されて二七年一月地区内各学校に配置されたり。［中略］同年［訳者注：一九三八年］三月冀東政府は解消して河北省に合流し、此の地区には冀東道が置かれたるが、それ以後は省及び道は日本語教育に対しては全く無方針無関心なりき。その上、同年六、七月冀東に八路軍侵入し治安悪くなりし為め六、七、八、九月の間は各教員はその任地に帰り得ず、［中略］而して各教員は夫々他へ転出し、当時より現在まで残れる者は、三十四人中僅か八人とす。(70)

華北は非戦闘地域と戦闘地域が入り乱れ、また時期によって駐留する軍隊が異なるなど、学校で日本語を教えることが難しかったことが分かる。

待遇面でも大きな課題を抱えていた。日本人の教員の月給は、一九四〇年の河北省では一六〇～一八〇元という調査結果がでている。[71] 一方、同時期の中国人の小学校教員は以下のように記録されている。

待遇悪くして将来性に乏しき為と、又冀東政府規定の月三十元以上の給料を必要とする本所の卒業生を採用するは、県の財政上困難なるを以て、[以下、省略][72]。

こうした調査結果から、中国人の教員は、日本人の一／五程度の給料しかもらえなかったことが分かる。また、財政上、多くの中国人教員を雇うことが困難なことも記されている。そして、なによりも日本側が日本語教員という職業が中国人にとって将来性の乏しい職業であると把握していたのは重要だろう。これは、たとえ給料がよくても、簡単には中国人の認識を変えられない現実があったことを示している。

給与が低いと以下のような状況も生じてくる。

公立学校より欧米人経営の学校にかえって日本語の普及せる現象を呈せり。これは、公立学校は経費少なくして日語教員を雇い得ざるも、欧米人経営学校は経費比較的に多きを以てなり。[73]

日本語が高いレベルでできる中国人は、待遇面や安全面で優れた欧米人経営の学校に魅力を感じており、日本軍が手出しすることが難しい場所で教えた方がやりがいがあり、教わる方も日本語の上達に効果的だという日本側からすると「皮肉」な現象があった。

こうした状況下で日本語を教える中国人教員については、以下のような報告もなされている。

現在日本語教員は、塘沽及新河両扶輪小学校を除く其外の小学校及び三中等学校は凡て華人教員にして、六箇月乃至一年半日本語を学習せし者にして、其の日本語の程度甚だ低し。(74)

日本語のレベルが著しく低く、実質的に日本側が期待するような成果が生み出せる状況ではなかったことが分かる。こうした事例は、少なくない。以下を見てみよう。

唐山日語教員養成所は修業年限僅かに一年にして、然も成績優秀者は省公署、新民会、交通会社等に入り、成績悪き者が日語教員として各県に採用さるる状況なるを以て、同所卒業の教員の日本語程度低く、従って彼らに依る日語教育は有名無実と言うも可なり。(75)

ここでも日本語教員が魅力の乏しい職業であり、社会的なステータスが低いこともうかがえる。つまり、日本語教員は人気が無い仕事といえるだろう。そうしたなか華北では、日本語のレベルの低い中国人教員が、教授方法もままならぬ状況で教壇に立っていたことが分かる。

上述したような華北における日本語教育の状況を、日本の専門家たちも危惧する発言を公にしていた。

私［筆者注：藤村作・国立師範大学名誉教授］は日本語教育の実際経験がありませんので、教材教法の一々については知りませんけれども、私は困ったと思っていることは、華北の日本語科に対してはっきりした方針が確立していないことであります。(76)

藤村作は近世日本文学を専門とする国文学者で、一九三六年に日本文学協会を創設して初代会長となり、一九四〇年からは北京大学教授を務めていた。著名な学者が真正面から方針、つまり政策に一貫性がないことを問題視しており、一九四四年の段階でこうした意見が座談会で出され、記録として公表されている。

華北における日本語教育の実態を理解している日本人が少なくないにも関わらず、改善ができない状況が生じている。では、現地で日本語を教えている日本人の教員はどうとらえていたのだろうか。以下を見てみよう。

> 華北に於ける日本語教育は、忌憚なく言えば、沈滞の一路を辿っているのではないかとも思われる。日本語教育の沈滞は、日本人教師の弛緩を意味すると思われても仕方がない。(77)

発言者の小倉房二は、河北省通州中学校教員である。教室からのリアルな声であり現状批判である。「沈滞の一路」とあるように、日本語教育が様々な理由からうまくいっていないことは、興亜院の『調査月報』や華北日本語研究所の『華北日本語』にも何度も明記されていることが示すように、日本側も実態を把握していたにもかかわらず改善が図れない状況に陥っていることを示している。

以上のように、華北における日本語教育は、日本軍や興亜院が期待した方向に進むことはなかった。では、中国人はなぜ日本語をみずから学ぶケースがあったのだろうか。その理由として考えられるのは、①日本軍からみずからの命や家族、財産を守るため。②日本語を理解することで日本人との「交流」（商売や就職など）を「円滑」にするため。③みずからの中国人としてのアイデンティティーを確認するためや日本の支配に抗うため、と考えられる。つまり、対日協力政権下、占領支配下にあったとしても可能な限り自分らしく生きることを選択しようとしていたといえないだろうか。

おわりに

本稿では、日本軍による華北支配を、日本語教育の実相から迫ることを試みた。ここで到達点と課題を整理しておきたい。

（一）到達点

証言や当時の史資料から、子どもたちの様子や学校の状況など、日常の一部を復元することができたと思われる。華北における日本語教育の実態は、日本側（興亜院や日本軍、文部省など）の政策や関係者の思惑以前に、難民化や貧困、健康迫害といった日本の侵略によってもたらされた被害が悪化、拡大することによって教化や懐柔ができる状況にはなかった。

時として学校はそうした状況に抗う一つの場として存在していた。また、子どもたちはみずからのアイデンティティーを守ることで抵抗、将来に向き合おうとした。そうした時代状況のなかで、授業を通じて日本語や日本人と「交流」することになった。まさに子どもたちは、戦争や占領支配の最前線にいたといえる。

興亜院をはじめ日本語教育にたずさわった関係者や関係諸団体は、華北における日本語教育の困難さを当初から具体的に把握しており、改善を訴えることも少なくなかった。しかし、時間が経っても改善することができず日本側に重くのしかかってくることになった。

華北で使われた教科書は多種多様であり、日本語教科書だけでも相当な種類にのぼる。本稿で分析した教科書の内容や編集スタイルには、朝鮮から「満洲」、そして華北へと日本の近現代史における侵略の経過や支配の連続性を示す内容があった。また、対日協力政権下という植民地や占領地とは異なる状況において、外国語として位置づけられた日本語は、日本が支配してきた台湾や朝鮮、「満洲」とは異なる教科書の内容や授業が求められたものの、それに対応することは簡単ではなかった。

その理由として考えられるのは、広大な土地と経験したことのない学習対象者の人数。そして母語が異なるいくつもの民族が暮らす華北において、一律の対応では解決できなかったこと。また、中国人にとって、日本軍だけでなく対日協力政権という存在が社会や地域、人々の関係性といった生活空間を破壊、分断したため日本語への忌避感が時間とともに弱まることはなかったことなどが考えられる。

（二）課題

本稿で扱った証言が事例、地域とも非常に限られており華北における事象一般として扱うことは困難である。学校史や日本語を学ぶ何らかの組織が残した時系列かつ定点観察が可能な資料を調査する必要がある。

日本語や日本語教育の子どもへの影響を把握するために、彼らの日常を再現することをめざしたが、児童や生徒の日記や回想録など、さらに何らかの手がかりが必要である。また、支配とジェンダーという関係性から、子どもの就学率や進学率、日本語の学習状況に男女差があることには言及したが、それが日本や日本軍の占領支配の特徴としてクリアに提示するためには、さらなる事例の収集が必要である。

台湾、朝鮮、「満洲」の教科書と華北で使われた教科書を比較することができたが、華北以外の対日協力政権下の教科書との比較も必要だろう。そのためには、そうした地域での教科書の資料調査が欠かせない。そもそも華北だけでも相当数の教科書が刊行されており、現状ではほとんど明らかになっていないと言っても過言ではない。よって中国での資料収集が欠かせない。

華北における日本語教育が停滞した大きな理由の一つは、中国社会における貧困や衛生、健康管理などが大きな社会課題となっていたことである。そうした当時の中国の人々が抱えていた課題がどの程度、生活に影響を与えていたのかについてもさらに分析が必要である。その際、都市部だけでなく農村への視野が欠かせないだろう。日本の敗戦から八〇年が近づくなかで華北における日本の支配の実相は、未解明な部分が多く、中長期的な調査や研究が求められる。日本と中国の歴史認識の溝に向き合うためにも、今日的課題だといえるだろう。

注

(1) 駒込武『植民地帝国日本の文化統合』(岩波書店、一九九六年)。小野美里「日中戦争期華北占領地における対外関係の展開　北支那方面軍『月報』を手がかりに」東京歴史科学研究会(『人民の歴史学』二一一、二〇一六年)や同「日中戦争期華北占領地における文教政策の展開　『事変』下占領地の『内面指導』」(博士論文)首都大学東京、二〇一五年や同「アジア太平洋戦争期華北占領地における顧問制度の変容　日本人教員の動向を中心に」(日本植民地研究会『日本植民地研究』二〇一六年)などを参照のこと。

(2) 山本一生『青島の近代学校―教員ネットワークの連続と断絶』(皓星社、二〇一二年)

(3) 田中寛『戦時期における日本語・日本語教育論の諸相　日本言語文化政策論序説』(ひつじ書房、二〇一五年)

(4) 田中寛「戦時日本語教育史研究会のめざすもの―シンポジウムの開催にあたって」(新世紀人文学論究編集委員会『新世紀人文学論究』第二号、二〇一八)一三頁。

(5) 阿部洋『日中教育文化交流と摩擦―戦前日本の在華教育事業』(第一書房、一九八三年)。同「日中教育交流史研究をめぐって」(小島晋治・大里浩秋・並木頼寿編『20世紀の中国研究　その遺産をどういかすか』研文出版、二〇〇一年)。同『「対支文化事業」の研究―戦前期日中教育文化交流の展開と挫折』(汲古書院、二〇〇四年)。石剛『日本の植民地言語政策研究』(明石書店、二〇〇五年)。河路由佳『日本語教育と戦争　「国際文化事業」の理想と変容』(新曜社、二〇一一年)。同『日本語学習・教育の歴史　越境することばと人びと』(東京大学出版会、二〇一六年)などを参照のこと。

（6）川上尚恵「占領下の中国華北地方における日本語教育―日本人日本語教師と中国人日本語教師の連携をめぐって」（名古屋大学大学院国際言語文化研究科日本言語文化専攻『言葉と文化』三、二〇〇四年）。宮脇弘幸「日中戦争期日本軍占領区の文教政策　華北・蒙疆・華中における日本語普及の展開」『人文社会科学論叢』（宮城女子学院大学、二〇二一年）、同「日本軍の宣撫工作と日本語普及　華北占領区を中心に」（新世紀人文学論究編集委員会『新世紀人文学論究』二〇二一年）。

（7）関智英『日中戦争期「対日協力政権」第四巻　維新教育概要』（ゆまに書房、二〇二〇年）。菊地俊介『日本占領地区に生きた中国青年たち―日中戦争期華北「新民会」の青年動員』（えにし書房、二〇二〇年）など。

（8）黄东『塑造顺民　华北日伪的〝国家认同〟建构』（社会科学文献出版社、二〇一三年、一八―一九頁）によれば、「各偽政権と地域研究のなかで、比重が最も高いのは汪兆銘政権、次に偽満洲国であり、華北はどうしても三番手だった」という。そのため華北の対日協力政権に関する研究の蓄積は弱いと述べている。

（9）新民会の研究には、刘洁「华北沦陷区基层社会控制的实态―基于通县新民会的考察」（『抗日战争研究』二、二〇一五年）や王强「日伪新民会厚生工作的实质」（『外国问题研究』三、二〇一五年）、邢泽林「华北沦陷区的新民会研究」（北方民族大学、二〇一七年）、符静「权力、金钱与立场的博弈―从新民会的全联会看日伪在华北沦陷区的基层统治矛盾」（『史学集刊』五、二〇一八年、彭程・李福兴「论〝新民主义〟的形成」（『南开日本研究』二〇一八年）、王紫薇「日本殖民扩张主义下的〝协和会〟与〝新民会〟」（『近代中国东北与日本研究』二〇一九年）、刘江「应对与调适　日伪华北新民会组织机构变迁　一九三七―一九四五」（『学术研究』九、二〇一九年、符静「日伪华北新民会联合协议会制度考论」（『江汉论坛』一一、二〇二〇年）など多数がある。

（10）王智新編『日本の植民地教育・中国からの視点　中国学者看日本侵華奴化教育史』（社会評論社、二〇〇〇年）三一頁。

（11）前掲、駒込武、二九六頁。

（12）前掲、河路由佳『日本語学習・教育の歴史　越境することばと人びと』、八四頁。

（13）黄漢青「新民印書館について」（『慶応義塾大学日吉紀要　言語・文化・コミュニケーション』№四一、慶応義塾大学日吉紀要刊行委員会）、一四三頁。

（14）前掲、菊地俊介、四一頁。初出は、王強「日中戦争期の華北新民会」（『現代社会文化研究』第二〇号、二〇〇一年三月）二〇六頁。

（15）前掲、河路由佳『日本語学習・教育の歴史　越境することばと人びと』、二四〇頁。初出は長谷川恒雄『第2次大戦期興亜院の日本語教育に関する調査研究』二〇〇五年。

（16）前掲、河路由佳『日本語教育と戦争 「国際文化事業」の理想と変容』、一四一―一四二頁。

（17）興亜院華北連絡部『北支に於ける文教の現状』（新民印書館、一九四一年）九八頁。

（18）同前、九九頁。

（19）前掲、駒込武、三三八頁。

（20）前掲、川上尚恵「占領下の中国華北地方における日本語教育―日本人日本語教師と中国人日本語教師の連携をめぐって」、七二頁。

（21）徐敏民『戦前中国における日本語教育　台湾・満州・大陸での展開と変容に関する比較考察』（エムティ出版、一九九六年）二〇一頁。

（22）小野美里「『事変』下の華北占領地支配―教育行政及び第三国系教育機関との相克をてがかりに」（『史学雑誌』第一二四編三号、史学会、二〇一五年）三八四頁。

（23）前掲、徐敏民、二九一頁。

（24）同前、二〇〇頁。

（25）前掲、駒込武、三一三―三一四頁。

（26）山本一生・新保敦子「中華民国期山東省青島における日本語教育―「日支事変」を中心に―」（『早稲田大学大学院教育学研究科紀要』第二四号、二〇一三年）八九―一〇一頁。

（27）宮脇弘幸「日中戦争期の日本語日本文化普及―『満洲国』と大陸占領地における方策と実態」（新世紀人文学論究編

集委員会『新世紀人文学論究』第二号、二〇一八年）二七頁。
(28) 同前。初出は、『華北日本語』一九四三年一〇月号。なお、本文中の教育総署編纂は正しくは教育総署編審会編。また、『階梯日本語讀本』は『階梯中等日本語讀本』。
(29) 前掲、黄漢青、一三九頁。初出は、「印刷会社設立　日支合弁組織」『読売新聞』一九三八年四月九日。「北京に印刷会社　日支合弁で設立計画」『朝日新聞』一九三八年四月九日。
(30) 同前、一四一頁。
(31) 同前、一三六頁。初出は、「北京に印刷会社　日支合弁で設立計画」『朝日新聞』一九三八年四月九日。
(32) 同前、一四二頁。
(33) 同前。
(34) 同前、一四四頁。
(35) 同前、一四三頁。
(36) 同前、一四五頁。
(37) 同前。
(38) 田中寛「中国占領地における日本語普及の一考察―朝日新聞外地版（北支・中支）にみる日本語工作の実態―」（新世紀人文学論究編集委員会『新世紀人文学論究』第二号、二〇一八年）八五頁。
(39) 同前。
(40) 「華北に於ける日本語普及状況（その二）」興亜院『調査月報　昭和一五年一二月』（一九四〇年一二月号）三一一頁。
(41) 前掲、川上尚恵「占領下の中国華北地方における日本語教育―日本人日本語教師と中国人日本語教師の連携をめぐって」、七八頁。
(42) 同前、八一―八二頁。
(43) 山本一生「華北占領期の公立小学校における学生の属性―青島特別市を事例として―」（教育史学会『日本の教育史学』六二巻、二〇一九年）六六頁。

(44) 同前、六七頁。

(45) 泊忠雄「華人教員学生と日本文化の理解」(『華北日本語』第三巻第四号、一九四四年三月)九五—九六頁。

(46) 竹中憲一『「満州」植民地日本語教科書集成7(全7巻)』(緑蔭書房、二〇〇二年)四四一頁。

(47) 同前、三九二頁。

(48) 同前、四〇四頁。

(49) 朝鮮総督府『普通學校　國語讀本　巻二』(朝鮮書籍印刷株式会社、一九三六年)

(50) 同前、一四、一六、四六、四七頁。

(51) ただし、日中戦争が本格化してからは、「勤労奉仕」、「防空演習」、「広瀬中佐」といった「国民精神の涵養」を目的とした内容が含まれていったという(前掲、竹中憲一、四三七頁)。『正則日本語読本』を学校以外でも使うことを意識して編纂した『正則日本語講座』の第四巻には、日露戦争や靖国神社についての記述がある。そのため、まったく書かれていない、というわけではない。あくまでも少ない、ということになる。

(52) 新民印書館出版所編『小学日本語読本説解　巻二』(新民印書館、一九三九年)目次より作成。http://read.nlc.cn/OutOpenBook/OpenObjectBook?aid = 416&bid=43655.0

(53) 同前、三〇頁。http://read.nlc.cn/OutOpenBook/OpenObjectBook?aid=416&bid=43655.0

(54) 「研究部事業部合同　第一回研究教授及研究会概況」(『華北日本語』一九四四年三月号、復刻版第三巻)七五—七七頁。

(55) 芳井研一『難民たちの日中戦争　戦火に奪われた日常』(吉川弘文館、二〇二〇年)六頁。

(56) 同前、三七頁。

(57) 同蒲線は、山西省の大同から太原を通って華山を結ぶ路線。侯馬鎮は、山西省の南部で河南省との境にもほど近い場所。

(58) 前掲、芳井研一、四五頁。

(59) 王星慧『抗日战争专题研究　华北根据地少年儿童生活变迁研究』(江苏人民出版社、二〇二二年)六四頁。

(60) 同前、一二九頁。なお、臨県は現在の山西省呂梁市。保徳は現在の山西省忻州市。いずれも山西省のなかでも省都の太原や大同といった都市から距離がある街。
(61) 同前、一四一頁。
(62) 同前、一四四頁。
(63) 同前、一一一頁。
(64) 黒羽清隆・梶村秀樹『写真記録　日本の侵略：中国／朝鮮』（ほるぷ出版、一九八三年）一四八頁。初出、斎藤茂吉・土屋文明編『支那事変歌集』（アララギ年刊歌集別篇・アララギ叢書七七篇、一九四〇年）
(65) 『日本侵華植民教育　口述歴史　第一巻』（天津社会科学出版社、二〇一七年）二三〇頁。
(66) 『日本侵華植民教育　口述歴史　第四巻』（天津社会科学出版社、二〇一七年）二六〇九頁。
(67) 『日本侵華植民教育　口述歴史　第五巻』（天津社会科学出版社、二〇一七年）二六八〇―二八六一頁。
(68) 『日本侵華植民教育　口述歴史　第七巻』（天津社会科学出版社、二〇一七年）三八九二―三八九三頁。
(69) 同前。
(70) 前掲「華北に於ける日本語普及状況（その二）」、二九四―二九七頁。
(71) 同前、二九五―二九六頁。河北省冀東道地区各県市における調査による。調査期間は一九四〇年一月二一日〜二月六日。
(72) 同前、二九七頁。
(73) 同前、三〇四頁
(74) 同前、二九九頁。
(75) 同前、三四一頁。
(76) 「華北日本語教育の回顧と展望　華北日本語教育研究所研究事業部合同座談会記録」（『華北日本語』一九四四年一月号、復刻版第三巻）二九頁。
(77) 小倉房二「日本語教育の反省」（『華北日本語』一九四四年三月号、復刻版第三巻）六五頁。

V　竹内好の『北京日記』と北京体験
──一九三〇年代在華日本留学生の思想史的研究──

王　超

はじめに

近代日中文化交流史の研究において、中国人の日本留学史に関する成果は多いものの、日本人の中国留学史に関する研究はまだ黎明期にある。この分野では、桑兵の研究は先駆的な意義を持つ(1)。二一世紀に入り、孫安石、大里浩秋、譚皓などの研究者が近代日本政府の中国への留学生派遣制度や政策について詳細に検討している(2)。これらの研究は、日中戦争の開始によって両国間で正常な文化交流が維持できなくなったという事実を考慮し、一九三七年以降のことについて基本的に言及していない。しかし、実際には、日本は一九三七年以降も中国に留学生を送り続けていた。特殊な地位を持つこの留学生グループは、単に知識を追求する先輩の留学生以上に中国と日本の歴史的運命について深く考えていた。その代表的な人物は思想家・文芸評論家の竹内好（一九一〇〜一九七七）である(3)。

一九三七年から一九三九年にかけ、外務省在華第三種補給生（以下、「三種生」と省略する）として中国に派遣された竹内好は二年間北京に留学し、その時の見聞を詳細に『北京日記』に記している。丸山真男は一九八二年のインタビューで、この日記の思想史的な重要性を指摘し、「もうこれからの竹内好論はこの北京日記をぬきにしては意味がないと言いきってもいい」と述べている(4)。また、丸山はこの日記について、竹内が北京時代で自己解体と蘇生を経験し、「生れ変」ったことを示すものと指摘している(5)。遺憾なことに、この「生れ変り」について、その後の研究者は竹内好の思想が成熟した戦後の時期に焦点を当てるか(6)、単に文学観の変化として位置付けたため(7)、深く議論することはなかった。しかし、『北京日記』を同時代の公文書や記録、および関係者の書簡や回想と比較して読むと、二年間の北京留学の経験は竹内の文学観を変えただけでなく、「北京体験」の影響で竹内の中国や日本に対する理解も深まったことが実感できる。また、この「生れ変り」は、その後の知的成熟期における彼の思想と執筆に直接影響していたと思われる。

ゆえに、本稿は歴史事実の考証と思想の分析を組み合わせ、まず、既存研究の歴史記述の誤りを訂正し、不足部分の補完を試みる。次に、竹内好の北京留学生活や交友関係、および現地での時局認識を同時代の公文書、記録、関係者の書簡と回想など多方面の史料に照らして再構成し、青年竹内好像をより深く提示したいと考える。最後に、これにより、一九三〇年代の在華留学生の歴史、特にその思想史的な側面へのさらなる関心を呼び起こすことを目指したい。

一　留学の経緯と関連史実の考証

（一）初めての北京

『北京日記』によると、竹内好は一九三七年一〇月一七日に東京を出発し、二五日に船で塘沽に到着した。その後一時的に天津に泊まり、二七日にようやく留学先の北京に到着できた。「三種生」として中国にきた竹内が北京で最初に接触したのは当然、同じ「三種生」の人たちである。その中で、竹内と親しく、よく行動を共にしたのは、一九〇九年生まれで一九三六年に派遣された永島栄一郎と、竹内と同い年で一九三五年に派遣された神谷正男の二人であった(8)。

その中で、すでに北京に二年間住み、北京のあらゆる事情に詳しい神谷は、竹内の大きな助けとなった(9)。神谷は、盧溝橋事件後の日本の軍事・政治機関と密接な関係を持っていたため、竹内を何度か説得し、関連活動に参加させた。下記のように、竹内の日記には、記録が三件も残されている。

〔一九三七年一一月一七日〕午、神谷氏来る。民会の入会勧誘状を持参さる(10)。

〔一九三七年一一月二九日〕午飯後神谷先生来。説地方維持会裏要人改訂教科書的。武田〔熙〕先生来依頼他了。他也要我去作工。我不願意所以模模糊糊的回答（午後、神谷氏が来る。地方維持会が教科書を改訂するため、人手が欲しいと。武田〔熙〕氏は、彼を頼りにしてきたのだ。私にも誘う。嫌だったので、曖昧な返事をする(11)）。

〔一九三七年一二月二六日〕……目下在京の内務省赤羽事務官の顧問にならんかという勧誘なり。条件極めてよく、大に食指動く(12)。

日記によると、神谷からの最初の二回の誘いに対し、竹内好は積極的ではなかったと言える。だが、三回目の勧誘は「条件極めてよく、大に食指動」いた。そのため、同月三〇日に、竹内は神谷とともに赤羽事務官を訪ねた。竹内の赤羽への第一印象は極めて悪く、「愚劣な、ばかばかしい官僚のタイプなり」と日記に書いた(13)。しかし、結局、竹内は翌年の一月一日に赤羽とともに年賀に廻って、四日から毛家湾の事務官公館に引越し、顧問の仕事を始めたのである。しかし一月二六日、竹内は公館の他の職員と人間関係のトラブルがあったことが原因で、報酬も受け取らずに公館を退去してしまった(14)。その後、事務官の依頼で繆斌の『新民主義』の翻訳を完成させ、三〇円の謝礼を受け取ったのである(15)。

そこで、竹内が仕えた内務省事務官の名前を少し調べる必要がある。『北京日記』には「赤羽」としか記されておらず、フルネームは書かれていない。また、『竹内好全集』に付けられる年譜に赤羽王郎という日本の有名な教育運動家の名が明記されている。この赤羽王郎は確かに日本占領後の北京で竹内好と連絡を取っていた。したがって、多くの研究者がこの説を踏襲している。しかし、『警察講習所學友會々報』第二三三号(一九三八年七月号)に「警察講習所學友會北京支部會員名簿」(一九三八年五月付)が付属しており、顧問の項に「北京駐在内務事務官赤羽穣」の名が記載されている(16)。さらに、同会報に掲載された「講習所の昨今」という記事に次のように記されている。

去る〔一九三八年〕三月に私が北京に行った時には、……内務公館も開かれて、赤羽内務事務官(現青森県警察部長)も駐在されて居た……(17)

したがって、この官吏は赤羽王郎ではなく、赤羽穣であったことが確認できる。実は、赤羽王郎が中国にきたのは一九三九年であり、一九三七年にすでに中国を訪問し内務省事務官を務めていたという記録は、これまでの赤羽王郎関連の史料に見当たらない。また、赤羽王郎が生涯教師であったことを考えると、竹内が彼のことを「愚劣な、ばかばかしい官僚のタイプなり」と評価するとは想像しがたい。このイメージは、むしろ長年内務省の警察機関で働いてきた赤羽穣と非常に一致していると言える。赤羽は渡華前に警視庁検閲課長を務め、一九三八年帰国後に青森県警察部長に転勤し、一九三九年に警視庁衛生部長、一九四一年に警視庁文書課長、一九四四年に内務省書記官、一九四五年に情報局次長となった。[18]

この点から、赤羽穣の渡華の目的は、占領地に内務警察の出先機関を設置し、在留邦人と中国人を監視することであると推測される。竹内の『新民主義』の翻訳もそのためのものだと言える。ただ、『北京日記』でその他の仕事内容についてはほとんど述べられていない。そのため、この問題については新たな史料を発見し、さらに検討する余地がある。

竹内は事務官顧問の仕事を終えて間もなく、一九三八年二月二八日から三月八日までの間にすでに入隊し中国に派遣されてきていた弟の竹内潔と北京や天津で何度か会っていた。[19]竹内は、弟が軍隊に召集されたことに「驚駭と絶望」を感じていた。[20]この事件へのショックと前月の事務官公館での人間関係のトラブルのせいか、この時期から酔っぱらった記録が増え始めた。特に、三月八日に天津から北京に戻った後、竹内が神谷と店が閉店（「看板」）するまで飲み、日記に「もう二度と飲まない」との決意を綴るほどであった。[21]

（二）日本語講師になる

翌日の一九三八年三月九日、ある宴席で銭稲孫は竹内好を北京近代科学図書館主催の日本語講座の講師に誘った。[22]当時、銭稲孫は中国における日本文学の研究・翻訳の重鎮であり、盧溝橋事件後は清華大学の図書館長として大学の財産を保管するために北京に滞在していた。[23]北京近代科学図書館は外務省東方文化事業の一環であった。一九三六年、外務省は日本の近代科学研究の最良のものを集め、中国に紹介するために、北京と上海に近代科学図書館を設立する計画を立てた。一九三六年年末、北平近代科学図書館が設立され（一九三七年、北京近代科学図書館に改称）、館長は一九三四年に中国に派遣された元「三種生」の山室三良であった。[24]

盧溝橋事件後、館長の山室は時局の変化に応じ、中国人の日本語学習に協力すべきだと考えていた。ゆえに一九三七年九月八日以降、山室は図書館に特別な時間と空間を設け、「北京放送局の日語講座が放送されるのを利用して……受信機を以て一般希望者に聴講させ」た。[25] 一一月一一日から、日本語基礎講座が開かれ、講師の一人はこの銭稲孫であった。[26] 一九三八年二月二〇日にこの基礎講座の第一期が終了すると、第二期は一気に拡大され、初級班三つと中級班一つの合計一八九人の受講生が集まった。そのため、山室は市北部の黄化門大街四号のある屋敷を借り、日本語学校の教室として使用した。[27]

生徒や校舎以外に適切な教師を探さなければならなかったため、この時点で銭稲孫が竹内を誘うのは当然のことだった。実際、占領が長期化すると、北京のあらゆるレベルの学校で日本語の授業が義務づけられるようになった。そのため、学校側は教員需要の急増に直面し、日本人留学生を講師として採用することが多くなった。第二期基礎講座の講師の名前を見ると、竹内のほかに同じ「三種生」の親友永島栄一郎の名前も載っていた。[28] 永島は留学を終えた後、さらに一歩進めて当時の国立北京女子師範学院で教鞭をとっていた。

竹内好がこの日本語講座で六か月間（一九三八年三月～九月）教師を担当していた。最初の三か月は週八時間担当し、月給は七〇円だった。[29] 後半の三か月は週九時間担当し、[30] 月給に関する明確な記録はないが、授業時間が増えたゆえに、おそらく七〇円以上に上がったと推測される。ちなみに、当時「三種生」の政府補助金は学費と手当を合わせて一か月一一〇円ほどだった。[31] つまり、当時の留学生にとって、日本語講師としての月給は、政府補助金の額にほぼ相当する収入であった。一九三八年九月、留学期間の終わりに近づいた永島は国立北京女子師範学院への就職が内定していたことで、北京近代科学図書館を辞めた。竹内も一緒に辞表を提出した。[32]

しかし、同年九月に設立されたばかりの国立北京大学理学院が日本語教師を募集していたため、理学院が山室三良を仲介に竹内を誘いにきた。竹内は最初に「アイマイなると政治関係その他を顧慮して、即座に断」ったが、その後理学院の富田達教授も勧誘にきた(33)。さらに、九月二四日、理学院の元文模院長が自ら訪問し、条件を譲歩したため、竹内はようやく月給八〇円の「嘱託」として参加することに決まった(34)。竹内は一九三九年の夏まで、一年ほど理学院に勤めていた。その後、二年間の留学期間が満了し帰国しなければならなかったため、当然、継続はしなかった。

（三）父の死による二度帰国と留学終了

日本語講師になってから、竹内の生活は少し軌道に乗るようになった。ところが、一九三八年七月一二日、中国文学研究会の同人飯塚朗が北京にきて、竹内宅に滞在することになった(35)。当時、神谷正男が留学満期で間もなく帰国するため(36)、竹内、永島、飯塚の三人で新たな小グループが結成された。飯塚も酒を嗜む人なので、『北京日記』ではその後、酒浸りの日々が再び増えていった。下記のように、竹内の北京での生活は明らかに退廃的で、放蕩的な時期に入った。

［一九三八年一二月一六日］日記を廃すること十日である。泣きたくなる。毎晩酒をのんだ。

［一九三九年一月八日］十二月二十四日より本日まで毎日酒を飲めり、飲めば二度に一度は大酔して前後を弁えず。思うこと書くことさらになし。借金はたまるばかりなり(37)。

その間、竹内は北京での生活にうんざりし、一時帰国を思いついた(38)。また、父親から何度もお見合いを急かされたため、一九三九年の冬休みに一時帰国した。しかし、帰国中に父親が突然亡くなり、葬儀が終わって北京に戻ったのは四月下旬だった。そして、五月下旬に納骨のために再び日本に帰った。七月一一日、竹内は青島から入国し、軍務についていた弟と再会してから、一九日にようやく北京に戻った。

その後の日記は、主に同じ長野県出身のある料亭女給の峯子との恋愛話である。しかし、二人の関係は次第に冷めていき、一九三九年一〇月一六日、竹内は失恋の悲しみを抱き、北京と別れ、二四日に東京に到着して留学生活にピリオドを打った。

戦争と占領の歴史を全体的に見れば、竹内好を代表とする「三種生」たちが占領当局の文化教育政策の実行者であったことは間違いない。だが、竹内個人としては占領政策に対してネガティブな態度を取り[39]、仕事をする中で占領政策の限界性を感じ取っていた。

例えば、彼は北京近代科学図書館（および国立北京大学理学院）の日本語教師として占領下の日本語教育の有効性を反省した。一九三八年一〇月と一一月、現地での日本語教育の限界性を感じた竹内は、「僕も早く文学者（？）を廃業して、職人になるか教育者になるか考へねばならんと思つてゐます」、「僕だんだん北京にもう四五年居て一冊支那語の本と一冊の日本語の本を書きたい気が起つてくる」[40]と、松枝茂夫に宛てた手紙の中で綴った。

確かに竹内の中国語と日本語の相互翻訳や教育への関心は留学前からあったし、手紙でも日本語への関心は授業によるものではないと明言した。しかし、週に数回の授業という教育現場の経験がなければ、これだけの日本語教育への情熱が生まれるとは考えにくい。竹内は帰国後、日本語や中国語の相互教育に関連するいくつかの論文を執筆し、当時日本における翻訳や言語教育の偏りを批判した[41]。これは竹内が日本人の中国に対する認識や理解の偏りをより深いレベルで批判するための基礎となった。

また、『北京日記』には飲酒や女遊び、夜遊びの記録が多数あり、当時の竹内の退廃的で放蕩的な生活を反映している一方、竹内は北京の人力車夫、苦力、遊女など多くの下層階級と接触していたことも示している。竹内は飯塚と二人で、北京の早朝に車夫たちとともにテーブルを囲み、質の良くない白酒を飲みながらおしゃべりをしていた[42]。こうした記録は、同じ東京帝国大学漢文学科を卒業し、北京に長期留学した竹内の先輩である倉石武四郎や目加田誠の日記には見られない[43]。後に、竹内は倉石、目加田そして吉川幸次郎と理想的な中国研究のパラダイムとは何かについて論争を行った。客観的な知識から積み上げた中国研究を提唱している倉石らに対して、竹内が「思想がそのまま行為となる[44]」、「自分の生き方[45]」になれるような中国研究を謳った。振り返ってみると、両者の相違はこの留学中の「北京体験」の相違から始まったのではないだろうか。

二　中国の知識人たちとの付き合い

前述のように、「北京体験」も中国への理解も、生身の中国人との接触なくして成立することはできない。下層階級を除き、竹内好は留学中に最も頻繁に接触し、社会階級が最も近いのは、当時北京に残っていた文化・教育界の人々である。その中で、最も学術的な注目を集めているのは竹内と周作人との付き合いである。これについては、すでに多くの研究者が論じているため、ここでは繰り返さないことにする[46]。概して言えば、竹内好はあの頃、周作人が転向する傾向があることを察していたが、これは両者の個人的な関係に影響を与えるものではなかった。一九三九年、帰国前の竹内は周宅に別れを告げ、周は自分の書（「大字」）二枚と李大釗、陳独秀、魯迅、兪平伯の筆跡を竹内に贈った。

周作人以外に、竹内好が北京留学時代に交流のあった老輩の先生たちには銭稲孫、徐祖正などがいる。特に銭稲孫との付き合いは竹内の留学生活に大きな影響を与えた。前述したように、銭稲孫の紹介により、竹内は日本語講師としての仕事を始めた。また、竹内が留学期間に最も親しくしていた二人の若手学者の楊聯陞と尤炳圻も、いずれも銭稲孫の紹介であった[47]。

この二人の若い学者のうち、楊聯陞はこれまでの研究で多くの注目を集めており、二人の付き合いと知的共鳴について論じる論文も書かれている[48]。それに対し、尤炳圻はそれほど注目されていない[49]。尤炳圻は現代中国の学術史・文学史において名が知られる人物とは言えないが、当時、北京の高等教育機関で実に活発な若手教師であった。また、『北京日記』の記録によると、竹内との面会回数は尤炳圻が楊聯陞に次ぐ二番目の人物だったという[50]。一九四四年、代表作『魯迅』が出版された時、竹内好は出版社に頼んで周作人、銭稲孫、徐祖正、尤炳圻に見本を送ってもらった[51]。尤が老輩の先生たちとともにリストアップされていたことは、竹内にとっての尤の位置の高さを示している。そのため、尤炳圻という人物と竹内との関わりを徹底的に分析する必要があると考えられる。

尤炳圻は字が平白で、一九一二年に江蘇省無錫市に生まれた。一九三四年に清華大学を卒業後、東京帝国大学に留学し、一九三七年に帰国した。北京近代科学図書館、国立北京女子師範学院、国立北京大学文学院、国立北京師範学院などで教鞭をとり、一九四五年以降は上海に引越し、上海演劇学校や蘇州河海大学などで教鞭をとった。一九五〇年に蘭州の西北師範大学に配属され、一九八四年に同地で死去した。

尤炳圻が清華大学で勉強していた時、銭稲孫はすでに何年もそこで教えていた。周作人の門人の一人である沈啓無は自身の回想で尤が銭稲孫の愛弟子であることを明言している[52]。一九三六年、尤が日本留学中に翻訳した童話『楊柳風』（日本で『たのしい川べ』という題名が通常）が出版され、周作人がその序文を書いた[53]。これらの手がかりから、尤炳圻は早い時期に周作人や銭稲孫らと知り合い、高く評価されていたと推測される。一九三七年、尤は友人の孫毓棠とともに日本から帰国したが、後者は銃後に行くことを選び、尤はすでに占領された北京に北上することを選んだ[54]。そこには周や銭の勧誘が関係していた可能性が見られる。

実際、北京に到着した後、尤炳圻はすぐに周と銭の側近として右腕となった。まず銭稲孫が北京近代科学図書館の日本語講師として彼を採用した[55]。周作人が当時の北京大学の文学院長に就任した後、実務のほとんどを文学院秘書である尤炳圻に任せた[56]。そして、一九四〇年以降、歴史学系主任であった呉祥麟が文学院秘書を兼任し、尤炳圻は日本語学系主任銭稲孫の代理を務め、日本語学系の日常業務の管理に専念した[57]。大学の教務に限らず、一九四二年、周作人が中心となって設立された芸文社と『芸文雑誌』の運営と編集も尤炳圻に任された[58]。この周作人を中心とする「芸文」派は、占領下の北京における最大の文化人グループの一つであった。

その意味で、尤炳圻は占領下の北京の学界と文学界の活動に深く関わっていたと言える。また、周作人と銭稲孫の一派の活動の執行者となる尤炳圻がその内情に詳しいのは紛れもない事実である。こういった「一向最掌権（いつも権力をよく握る）[59]」の人物はちょうど竹内好が北京滞在中に最もよく付き合っていた人物の一人であり、竹内の北京に対する認識の形成において果たした役割が想像できる。

『北京日記』によると、一九三七年一一月五日、北京に到着したばかりの尤炳圻は銭稲孫から竹内を紹介された。その後、北京近代科学図書館の日本語講座を引き継いだ竹内好と尤炳圻は、竹内が会話、尤が訳読の担当教師として同じクラスの授業を分担した[60]。そのため二人は度々顔を合わせ、クラスの優秀な生徒についての評価を二人で話し合い[61]、生徒自殺後の慰安活動も一緒に行っていた[62]。それゆえに、両者の関係が深まったことも想像に難くない。一九三八年九月一七日以降、竹内は尤炳圻に何度も借金し、最初のうちは二〇円、帰国前の最後の一回は二〇〇円ほど借りた[63]。相互信頼の深さがうかがえる。

竹内は尤炳圻から、金銭だけでなく、北京文化界の情報もたくさん入手した。日記だけには大作家の誰々が南下したとか、誰それはどこにいるという噂、一九三九年元旦に周作人が狙撃された事件、北京大学文学院の話などが記されている[64]。一九三八年一一月一八日、占領下の華北で重要な文芸誌である『朔風』の創刊からわずか一週間後、竹内は尤炳圻から創刊号のコピーを受け取った。その後、この雑誌を日本に送り、中国占領地の文学の動きを研究者仲間に知らせたのである[65]。また、尤炳圻は沈啓無、張我軍、洪炎秋、方紀生を宴席に招き、竹内好との親交を深めた[66]。沈啓無（一九〇二～一九六九）は一九四四年に破門されたが、三〇年代の頃は周作人の四人の愛弟子の一人だった。また、張我軍（一九〇二～一九五五）と洪炎秋（一九〇九～一九八〇）はいずれも台湾出身の日本語教師および文学者だった。初期の『朔風』の中心的な編集者である方紀生（一九〇八～一九八三）も日本留学の経験があり、周作人を尊敬し、度々周宅を訪れていた。これを見ると、竹内が北京で交流した若者たちは、大抵周作人周辺の人か日本語教師、あるいはその両方であった人だと判明する。そして、その間で仲を取り持ったのは尤炳圻であった。

ただし、筆者の知る限りでは、帰国後の竹内は文章で尤炳圻に言及することはほとんどなく(67)、二人はおそらく再会することもなかった。一方、楊聯陞は一九五七年と一九六二年の二回、東京で竹内と会い、二回とも回想の文章を残している(68)。一九三九年に国立北京大学文学院が設立された時、尤炳圻は最初から深く参与していたが、楊聯陞は銭稲孫の誘いを断り、翌年にハーバード大学に留学することを選んだ。一〇年後、尤は親日派として当時日本と国交のない中華人民共和国に留まり、遠く内地蘭州にまで配属させられた。一方、楊はハーバード大学卒業後同大学に残って教鞭をとり、世界的な漢学者となった。この点から言うと、北京被占領期におけるこの二人の選択の違いは一九四九年以降、竹内との付き合いの可能性を左右したかもしれない。さらに、戦後、竹内が留学時代を回想する時に意識的に偏ってしまった原因はそこにあるのではなかろうか。

しかるに、史実として、尤炳圻が竹内好の留学中の社交や「北京体験」に影響を与えたことは看過できない。当時、竹内は尤炳圻を通じて、北京の文化界における最も重要な文人グループの一つである周作人とその周辺の人たちとの親交を深め、その一派の思想と感情を理解することができた。そのためか、竹内好が北京の文化界に接触したのは周作人のグループに限られており、日本とのつながりが薄い文学者たちのことは直接感知し得なかった可能性がある。しかし、よかれ悪しかれ、これは尤炳圻の存在が竹内好に深く影響を与えた証拠だと思われる。

三　北京で戦争を体験

ここまで述べたことから、竹内が北京に留学していた時期に中国や日本の人物との交際が多かったことが明らかである。一九三九年に中国に短期滞在した池上隆祐は、次のように回想している。

あの人はジャーナリストみたいでね、色々な人と交際していたらしいし、情報も集めてました。[69]

このような印象は、『北京日記』でも確認できる。日記によると、竹内は時に一日中外出し、各界の人々を訪問したという。また、中国や日本の友人を招いて宴会を開き、互いを紹介し合うこともあった。[70]

しかし、その一方で、楊聯陞が竹内に贈った見送りの詩は、「渉海多来者、胡為君独行（海をわたり来た人は多いが、なんすれぞ、君はひとりで行くのか）」という一節で始まっている。[71] 楊聯陞は竹内の語学仲間として、多い時には週に二回も会っていたため、竹内は様々な人と交際していることを意識できないわけがない。したがって、「独行」というのは、竹内の内面の心理状態へのある種の洞察である可能性が高い。この鋭い洞察は、一九三七年から一九三八年にかけて竹内自身が書いた「北京通信」で示した心持ちとほぼ同じものである。「北京通信」は竹内が北京留学中に発表した数少ない著作であるため、現在の研究者たちはこの「北京通信」を手がかりに、竹内の留学時代の退廃と放蕩の根本的な理由を探ったのは当然である。

竹内好が北京の状況について渡航前に思い描いていたものと違うと感じ、精神的にショックを受けたことは、これまでの研究で大きく指摘されている。その論点が主に三点挙げられる。まず、盧溝橋事件後、多くの知識人が南下し、栄華を誇った文化首都北京が一気に閑散とするようになった状況のなか、北京に日本人、日本の店、日本語の看板が押し寄せ、日本の「興亜の都」となったことが原因だと考える研究者が多い。竹内好にとって、事件後の北京は「昔の魂を失った」[72]「淪陥区の抜け殻」[73]となった。これに対し、彼は「淋しい」[74]、「落ち着かない」[75]気持ちになり、「無力感」[76]や「悪劣な心境」[77]を感じていた。次に、文学史の研究者の中には、竹内は中国に来る前は政治からの文学の独立性を唱えたが、日本占領下の北京に来て初めて、当時の文学と政治の分かち難さに気づいたという指摘もある。その結果、それまでの文学観や価値観さえも打ち砕かれ、「自らの拠り所を失う」[78]感覚や「絶望」[79]さえ感じたという。最後に、竹内が北京で戦争そのものと中国人の「抗いを自らの肌で感じることを願」ったが、抵抗が見えない北京にいることが彼を煩悶させたという研究結果も紹介されている。[80]

要するに、これまでの研究は、竹内は北京の状況が留学する前に想定していたものと異なると感じ、大きな衝撃を受けたことを指摘している。しかし、日記の解読に落度があるためか、竹内好が根本的に何を想定したか、そして何を見て衝撃を受けたかに関して、先行研究では明らかになっていない。それゆえ、以下、本稿では『北京日記』をはじめとする多様な史料を総合し、竹内好の占領下における抵抗精神や現地の雰囲気に対する認識を再構築し、これに基づいて「北京通信」の文章を再解釈し、その真意を確認することにする。

（一）現地雰囲気の体験

竹内好が北京近代科学図書館の日本語講師を辞めてから一週間も経たないうちに、一九三八年九月二七日午前一時半頃、北京近代科学図書館が放火され、閲覧室の雑誌コーナーが全焼し、テーブルや窓、床の一部も破壊されてしまった。[81]また、同じ頃、図書館近くの南満州鉄道株式会社印刷局、三義洋行、王府井の中原公司、美松食堂なども火災に見舞われた。特に中原公司の被害は甚大で、保管していた商品のほとんどが焼失してしまった。[82]

この一連の火災で被害を被ったのは全部日本ゆかりの施設だった。三義洋行と満鉄印刷局はもちろん、天津に本店を持つ中国人経営の百貨店の中原公司も日本製品の売店として世間に知られていた[83]。中原公司は一九三四年に北京に支店を開き、当時北京の日本人留学生の間で人気があった[84]。放火事件について、北京近代科学図書館館長山室三良の報告書によると、西の分館にも放火材料が置かれていたが、本館の火災の直後に派出された職員にまだ発火していない状態で発見された。また、放火材料は定時発火ができる巧妙な仕掛けが施されており、爆薬の組成も本館で発見された残留物と同じであったという。したがって、この火災は決して偶発的なものではなく、報告書には次のように記されている。

全ク同一系統ノ犯人ノ同一手段、同一目的ニ依ル犯行ト認定スルヲ得タリ。直チ最近京津地方ニ潜入セル支那人不穏分子ノ一部ガ社会人心ヲ不安ナラシメント劃策シテ日本乃至日本ニ関係アル機関建物等ニ放火シタルモノト思ハルノモノナリ[85]。

これに対し、当時の北京特別市公署警察局も同様の判断を下した[86]。事件の当日、竹内好は火災現場を訪れた。『北京日記』には次のように記されている。

……橋川〔時雄〕氏にぶつかる。氏曰く、昨夜、近代図書館、中原公司等焼けたりと。即ち図書館に見舞に赴く。巧妙なる爆薬を仕掛けありたりと。西城は未発に了る。他に美松食堂等も被害あり。その意志に烈々たるものを感ず[87]。

このことから、竹内好が北京滞在中に戦争や抵抗をまったく肌で感じなかったとは言いがたい。それどころか、抗日分子による連続放火事件を目撃し、その背後にある中国民衆の激しい抗戦意志を感じ取ったのである。

さらに、放火などの非日常的な出来事による強烈な刺激に加え、竹内は占領下の人々の心理を深く理解しようと、日常生活で生身の中国人に接触していた。

例えば、楊聯陞と交友していた間、竹内は楊が沈黙の抵抗派であることを知り[88]、楊は竹内が「日本軍閥之侵華不以爲然（中國侵略をする日本の軍閥を軽蔑する）[89]」と主張することを知っていたが、それにも関わらず、両者は「黙契のようにお互いに時局については一言も口にしませんでした[90]」ということで合意していた。それは相手の地位や政治環境を考慮した「黙契」かもしれないし、その「黙契」があるからこそ、相手の本当の立場を知ることができたのかもしれない。いずれにせよ、「時局については一言も口にしませんでした」というのは、時局に対するある抵抗感を示すシグナルと見倣してよい。もちろん、このシグナルはそれほど強くはないが、自分の立場をしっかり表明するには充分なものだと言える。竹内がこれを受け取らないわけがない。実は、竹内好の回想によると、前文で言及した楊聯陞の送別詩は「留学をおわって、北京での有利な就職の口を断って帰国するとき、彼は私の帰国を祝福する」ために贈ったものである[91]。その中の「富貴草頭露　文章身後名（富貴は草の上の露、文章こそ身後の名なり）」という一節が竹内に対する賛辞であると同時に、おそらく楊聯陞自身の立場をも示しているのであろう。

一方で、一九三八年、「支那趣味愛好者」と自称する大作家佐藤春夫が華北を訪問した時、竹内好は彼一行の北京での案内人を務めた。そこで、竹内好は尤炳圻とともに、佐藤一行の歓迎会を主催し、北京に残っていた文化人の周作人、銭稲孫、徐祖正をわざわざ招いた[92]。この前後の経緯や当事者の回想について、すでに多くの研究が行われてきたため、ここでは繰り返さないことにする。要約すると、佐藤はこの宴会が料理やお化けの話などの閑談で終始したことについて「惨として歓を尽くさずといふ程ではないが、何やら影のさすやうな気分の失せぬものがあったのは是非も無い」と形容した[93]。

佐藤春夫のこの感想に対し、竹内は「むしろ僕の感じでは主客ともに歓を尽くしたつもりなのである」と反論した[94]。彼の考えでは、当時の周作人と銭稲孫は日本軍特務機関が主催する「更生中国文化建設座談会」に参加したことで、全国文学界から漢奸扱いされ非常に糾弾されていた。そんな時に、しかも事変後初めてあのような宴会に列席したのは、周作人らの最大限の好意を示したのである。

それを多少意識しながらも、佐藤春夫は失望をあらわにした。なにしろ、訪中前に「国策文学」の一環として小説『アジアの子』が出版されたばかりであり、佐藤が北京に期待したのは、この「興亜の都」で「大いなるあじあの朝を／今にしてあらしめばやと[95]」を見ることだった。そこから推測すると、周作人らの政治論や時局論を聞きたかった可能性がある。しかし、周作人には、畢竟佐藤春夫のような「大いなるあじあ」を「あらしめ」る内的動機はなかった。その結果、周は閑談で終始することを選び、佐藤はそれを「歓を尽くさず」ととらえた。

したがって、竹内は佐藤春夫の感想に納得できなかった。また、中国文化を愛すると自称しながら、中国人の心を理解できない佐藤の姿に、竹内は占領下の中国社会の状況や人心に対する日本人の理解の浅さを感じたのであろう。

（二）「北京通信」の再解読

上記のように、竹内好は北京で中国の抵抗精神とそれを含める被占領地民衆の心理に対する日本人の無関心を感じ取った。「北京通信」の主題はこの食い違い（あるいは落差）から生じた喪失感である。この文章に見られる批判的な意見は先行研究でよく指摘される北京文化そのものに向けられたものではなく、北京の日本人社会に対して発せられたものである。

「北京通信」の第一篇では、竹内が塘沽や天津に到着して見聞きしたことを思い起こした後、初めて北京を訪れた時のことを語った。彼にとって北京の最大の変化は、「日本人の飲食店がむやみにふえ、あやしげな女たちが白昼横行する」[96]ことである。これに対し、「旧く住み慣れた北京村の住人は、北京の堕落だといって眉を顰め」[97]ていた。竹内は、こういった連中が「あたかも己の責任の外で何事かが行われているかのように」文句を言っていたことを皮肉った。[98]

そう見れば、いわゆる「北京村の住人」とは中国人ではなく、中国に長年住んでいた日本人のことだと推測できる。なぜならば、北京に住む中国人は北京の占領およびそれに伴う日本人の押し寄せと何の関係もなかったからであろう。しかし、盧溝橋事件以前から北京に住んでいた日本人はまるで戦争と占領に関係がないかのように振る舞い、新しくやってきた同胞を蔑視し、これが北京の堕落であると考えていた。それは竹内の不満を必然的に引き起こしたのである。竹内がわざわざ「北京村・」と書くのは、この不満の気持ちを表すためではなかろうか。

また、この論理の延長線上に、竹内は「少くとも僕の逢った限りでは、現地の人々は、失われた文化の建設に対して、無気力といって悪ければ冷淡である」と書いた。[99]この言葉もおそらく文句を言っても何もしない「北京村の住人」たちに向けられたものだと考えられる。さらに、竹内は自らの本当の期待を真正面から述べている。

僕が私かに期待したものは、混乱の中に生まれ出る荒々しい生気であった。思想と思想の相撃つ火花であった。戦争の伴う急激な文化の相剋、交流――一瞬にして成るであろう破壊から建設へのすさまじい奔流の胸打たれる光景であった。[100]

ここで言う「思想と思想の相撃」ち、「文化の相剋、交流」は日中戦争という文脈で間違いなく中国と日本の対立を指す。思想史的に分析すると、ある意味で竹内はこのような対立を期待していたと言える。

帰国後の竹内は、留学中に出会った明治期教育家伊沢修二の語学著作に対して、このような感想を記した。

現在、われわれは日本語と支那語のそれぞれの限界を無視した架空の漢字一元論に悩むと共に、それぞれの言語の純粋な特質の上に立った高次の両国文化の交流の如何に容易ならざる事業であるかを身を以て痛感しているではありませんか。(101)

この憂慮を書いたとき、竹内が念頭に置いたのは、おそらく占領下の北京において、「你（安那大《アンナダ》）、我（瓦大古十《ワタクシ》）、現時幾点鐘（一馬南知的四葛《イマナンジデスカ》）」などのような「中国口韻と称する薄ぺらな自習書」(102)の氾濫、そして従来の漢学の影響下にある日本において、漢文訓読が現代中国語教育の十分な代用になるという見解である。(103)

竹内好の考えでは、漢学や「支那学」の学者、および当時北京に住むいわゆる「支那通」（「北京村の住人」）は、伝統的な中国を愛し、「それぞれの限界を無視した架空の漢字一元論」をも想像して、その意味で中国と日本が文化共通だと信じたと同時に、中国の現実を軽蔑し、中国の変化を主導すべきなのは日本であると主張していた。竹内は論壇にデビューした時から、このような中国認識に明確に反対してきた。彼が主催した中国文学研究会は同時代の現代中国文学や文化の翻訳・紹介・研究を中心に、旧来の漢学や「支那学」を否定し、中国の実情を真に理解することを目的としていた。(104)

このように、竹内はこの破壊的な戦争が、日本が中国の生々しい現実を直視する機会で、日本人は戦争を通じて中国との思想の衝突、相撃ちを直接求めることができ、そうすることで従来の日本漢学や「支那学」から想像した中国イメージを打ち破ることができると考えていた。言い換えれば、戦争を通じてこそ、日本は自国の漢学や「支那学」的思惟を打破し、新たな自己理解と本当の中国と共通する大東亜文化を創造すること——つまり「破壊から建設へ」

ということ――ができると竹内は期待していた。(105)

だが、竹内好を失望させたのは、戦前に中国にきた「北京村の住人」らが北京の過去の静かで穏やかな空気を懐かしむのみで、一方、戦争中に中国を訪問した日本の文化人たちが未来の王道楽土を謳歌するのにとどまったことである。竹内の期待する「破壊から建設へ」の歴史的命題は、誰もが自分の思想課題に昇華させようとしなかった。

要するに、竹内は北京で様々な人と交際していたが、彼が唱える「破壊から建設へ」を共感し得る知的な仲間を見出すことはできなかった。楊聯陞が「独行」と綴ったのは、竹内のこの寂しさを捕まえたからであろう。日中間で近代歴史のつながりにより、真の相互認識と相互理解が生まれるのは、竹内にとって最初かつ最高の期待であった。この期待が実らなかったのは、おそらく彼にとって最大の幻滅だったのではなかろうか。

おわりに

本稿は上記のように、『北京日記』を中心に、様々な史料を組み合わせ、竹内好の留学中の北京体験とそれによる思想の変化を再現した。留学期間の竹内は、日本語教師の仕事や中国の友人との付き合い、被占領地の社会的雰囲気の感知によって、中国人の考えや気持ちを理解するとともに、占領当局の文化政策の限界と中国の現状に対する在華日本人の内在的な無関心さを嗅ぎ取った。また、両者の食い違いを理解すればするほど、自分の無力さを痛感していた。ゆえに、彼の「破壊から建設へ」の期待は幻滅し、彼自身も留学中に頽廃と放蕩に堕ちることとなった。

しかし、頽廃と放蕩に堕ちた竹内に、親友であり中国文学研究会同人でもあった武田泰淳の書いた詩「北京の輩に寄する詩」が届いた。華南地方で戦っていた武田は戦争の残酷さに直面し、北京に安らかに定住し研究会設立の意気込みを忘れた竹内らを詩で揶揄し批判した。(106)この詩は竹内に大きな刺激を与えた。(107)一九三九年一〇月、東京に戻った竹内はいち早く武田泰淳に会いに行き、中国文学研究会の改革に乗り出す意向を表明した。一九四〇年四月、ついに会誌『中国文学』の改訂が完成した。

改訂された会誌は同人誌から公刊雑誌へと移行し、文化・歴史に関する内容が増え、記事のジャンルも翻訳中心から評論が多いものに変わった。竹内も同誌に「中国文学研究会について」という論文を発表し、会の趣旨は文学研究だけでなく、「支那史に於ける近代の意味を劃定することから我々の仕事をやり直」(108)すことを記した。嘗て幻滅した「破壊から建設へ」の期待は、このようにより深い形で表示されるようになったのである。一九四三年、諸般の事情により研究会の解散を決意した竹内は、依然として「私は、大東亜の文化は、日本文化による日本文化の否定によってのみ生れると信じている」と断言した(109)。あの戦後時代における著名な評論家、思想家の竹内好は、この延長線上にいたのである。

既存の日本人中国留学史の研究は、中国への留学生派遣の歴史的意義を次の二点に集約している。一つは、留学事業が日本政府の外交・軍事的な要望に応えるために設立されたということ。もうひとつは、留学が日中両国の学術交流や日中友好に役立ったということ。こういった結論は極めて重要だが、それだけで十分とは言いがたい。竹内好のような人物が若い頃経験した留学や仕事など、すべては日本戦時期の国策の延長線上にあった。しかし、彼自身の思索や選択は国策の展開とは異なる側面を確かに持っていた。戦後、彼の中国留学の経験こそ、かえって彼が日本を見直す原点となった。

つまり、「占領」は被占領地の人々に影響を与えるのみならず、占領者自身もそれによって変化する。例えば、イギリスのインド植民地支配の経験がイギリス自身のモダニティとナショナル・アイデンティティの形成に影響を与えた(110)。そのため、一九三〇年代の日中戦争と占領は、まず中国社会を変え、そして中国にいる日本人の考え方を変えた。そして、変えられた彼らは帰国後、戦後日本史の流れに影響を与えることとなったのである。

注

一九二八年に国民政府は、南京を首都に定め、北京を北平へと改称した。ただし、一九三七年から一九四五年まで占領当局では北京の名称が用いられた。そして、偽政権や偽北京大学など教育機関も設立した。本稿は煩雑を避けるため、これらの地域名や組織名に「 」を外して、当時の名称そのまま使用している。

(1) 桑兵「近代日本留華学生」(『近代史研究』一九九九年第三期)。

(2) 孫安石「戦前の外務省の中国への留学生派遣について—明治、大正期を中心に」(『中国研究月報』第六一号、二〇〇七年)、大里浩秋「在華本邦補給生、第一種から第三種まで」(『中国研究月報』第六一号、二〇〇七年)、譚皓『近代日本対華官派留学史(一八七一—一九三一)』(社会科学文献出版社、二〇一八年)。

(3) 制度設立の経緯と関連史実について、前掲大里浩秋「在華本邦補給生、第一種から第三種まで」を参照。

(4) 丸山眞男「竹内日記を読む」(同『丸山眞男集』第一二巻、岩波書店、一九九六年)二八頁。

(5) 同前、二九—三〇頁、三二頁など。

(6) 孫歌『竹内好的悖論』(北京大学出版社、二〇〇五年)第三章、鶴見俊輔『竹内好—ある方法の伝記—』(岩波書店、二〇一〇年)第六章、黒川みどり・山田智『評伝 竹内好—その思想と生涯—』(有志舎、二〇二〇年)第一章などを参照。

(7) 岡山麻子『竹内好の文学精神』(論創社、二〇〇二年)第一章、余禕延「竹内好の文学観の形成:北京留学を契機として」(『立命館文學』第六六二号、二〇一九年三月)を参照。

(8) 永島栄一郎(一九〇九〜一九七八)は、一九三六年から一九四一年まで中国に滞在し、帰国後は慶應義塾大学、東京大学、東京都立大学で教鞭をとり、中国語の音声学の専門家であった。神谷正男(一九一〇〜一九七二)は、一九三五年から一九三八年にかけて中国に留学し、帰国後は成蹊大学で教鞭をとり、近代中国思想史に関する著書が多い。

(9) 竹内好『北京日記』(同『竹内好全集』第一五巻、筑摩書房、一九八一年)一七一、一七四頁(以下、筑摩版『竹内好全集』全一七巻については「全集」と省略)。
(10) 同前、一七七頁。
(11) 原文のまま。『北京日記』は一一月の月末からの一〇日間が中国語で書かれていたが、その後は日本語に戻った。ここに記したように、この教科書改訂は当時軍特務機関に務めている武田熙からの依頼であった。「補給生教科書編纂事業応援ノ件(昭和十二年十二月)」(『在華本邦第三種補給生関係雑件 第一巻』外務省外交史料館所蔵)JACAR, Ref. B05015631100を参照。
(12) 前掲、『北京日記』一九一頁。
(13) 同前、一九二頁。
(14) 同前、一九一—一九六頁を参照。
(15) 同前、一九七頁。
(16) 「警察講習所學友會北京支部會員名簿」(『警察講習所學友會々報』第二三号、一九三八年)八七頁。
(17) 鈴木登「講習所の昨今」(『警察講習所學友會々報』第二三号、一九三八年)三〇頁。
(18) 赤羽穣の履歴書は以下の史料に基づいて作成した。「故東郷元帥国葬儀警視庁内委員及事務分担表」(『東郷平八郎国葬関係雑書類 四二』国立公文書館所蔵)JACAR, Ref. A10110790400。「警察部長事務打合会出席者名簿」(『種村氏警察参考資料第66集』国立公文書館所蔵)JACAR, Ref. A05020220000。「簿冊表紙・目次等」(『叙位裁可書・昭和十九年・叙位巻六十八・定期叙位』国立公文書館所蔵)JACAR, Ref. A12090593700。「元逓信院技師沢山義一外十名特旨叙位の件・元情報局次長赤羽穣、退職判事八並達雄、元東京帝国大学教授田村憲造外三名、元鉄道監都崎雅之助外二名」(『叙位裁可書・昭和二十一年・臨時叙位巻一』国立公文書館所蔵)JACAR, Ref. A20040358000。
(19) 前掲、『北京日記』二〇〇—二〇二頁。
(20) 同前、二〇一頁。
(21) 同前、二〇二頁。

(22) 同前、二〇二頁。
(23) 鄒双双『「文化漢奸」と呼ばれた男：万葉集を訳した銭稲孫の生涯』(東方書店、二〇一四年)二五四頁。
(24) 相関史実は小黒浩司「北京近代科学図書館史の研究」(ⅠとⅡ)(『図書館学会年報』第三三巻三―四号、一九八七年)を参照。
(25) 「本館記事」(『北京近代科学図書館刊』第二号、一九三七年)一八六―一八七頁。
(26) 同前、一八九―一九〇頁。
(27) 「本館記事」(『北京近代科学図書館刊』第四号、一九三八年)一一一―一一二頁。
(28) 同前、一一三頁。
(29) 同前、一一三頁。及び前掲、『北京日記』二〇八頁。
(30) 前掲、「本館記事」(『北京近代科学図書館刊』第四号、一九三八年)一一一頁。
(31) 「昭和十二年選定(八)第三種 天野智弘外十六名」(『在華本邦人留学生補給実施関係雑件/選定関係 第二巻』外務省外交史料館所蔵)JACAR, Ref. B05015563100 を参照。
(32) 前掲、『北京日記』二三〇頁。
(33) 同前、二三〇頁。
(34) 同前、二三〇―二三一頁。
(35) 同前、二三二頁。
(36) 同前、二三三頁。
(37) 同前、二六七、二七九頁。
(38) 同前、二五一頁。これは友人の武田泰淳の刺激にも関係している。前掲、黒川みどり、山田智『評伝 竹内好』四五―四六頁を参照。
(39) 丸山真男は、『北京日記』に「日中親善」などの時代的なスローガンがほとんど見られないことを鋭く意識しており、竹内好の内心では時局の変化に懐疑的であることがうかがえるという。前掲、丸山眞男「竹内日記を読む」三三一頁。

(40)「竹内好の手紙（上）」（『辺境』第三次第五号、一九八七年）七頁、一一頁。

(41)例えば、「全集」第一四巻に収録されている「『支那文を読む為の漢字典』」、「翻訳時評」、「支那の国語運動」、「支那学の世界」、「支那語の教科書について」など。一九四〇年の「『支那文を読む為の漢字典』」を除いて、他の論文は全部一九四一年に書かれたものです。

(42)前掲、『北京日記』一二五八頁。

(43)栄新江、朱玉麟輯注『倉石武四郎中国留学記』（中華書局、二〇〇二年）。九州大学中国文学会編集『目加田誠「北平日記─一九三〇年代北京における日中学術交流─」』（中国書店、二〇一九年）。

(44)竹内好「目加田さんの文章」（「全集」第一四巻）一五一頁。

(45)竹内好「支那学の世界─倉石武四郎『支那語教育の理論と実際』について─」（「全集」第一四巻）一五一頁。

(46)丸川哲史『竹内好　アジアとの出会い』第四章（河出書房新社、二〇一〇年）、藤山達弥「周作人与《中国文学月報》─竹内好的周作人観─」（『文化論集』第五五号、二〇一九年）、熊文莉『日本〝中国文学研究会〞研究』第四章（社会科学文献出版社、二〇一七年）などを参照。

(47)前掲、『北京日記』一七四─一七五頁。

(48)山田智「竹内好と楊聯陞」（『静岡大学教育学部研究報告（人文・社会・自然科学篇）』第六七号、二〇一七年）。この論文は、二人の交友経緯を整理することに加え、当時の楊聯陞の学術論文のテーマや論点が暗示された現実的なものも探り、二人の思想の共鳴を見いだすようとした。

(49)これまで見てきた限りでは、藤山達弥だけが、尤炳圻が竹内の親友であることを認識している。前掲、藤山達弥「周作人与《中国文学月報》─竹内好的周作人観─」四七三頁。それ以外に、岡山麻子だけが、尤が楊聯陞と同じく竹内の日常的に交際していた中国人であることを指摘した。前掲、岡山麻子『竹内好の文学精神』二三三頁。

(50)著者の統計によると、楊聯陞が六八回、尤炳圻が五一回である。中国人の中での三番目は近代科学図書館のある教え子の一三回、四番目は周作人の一一回である。落差が非常に大きいと言える。

(51)前掲、「竹内好の手紙（上）」五七頁。

(52) 黄開発整理「沈啓無自述」(『新文学史料』二〇〇六年第一期)八一頁。
(53) 「編選前言」(李暁衛編『尤炳圻学術文選』甘粛人民出版社、二〇二〇年)二頁。
(54) 尤炳圻「懐念一位友人」(前掲、『尤炳圻学術文選』)二一〇―二一三頁。
(55) 前掲、「本館記事」(『北京近代科学図書館刊』第四号、一九三八年)一一三頁。
(56) 周作人は嘗て、北京大学文学院院長になった後、「文学院則由学院秘書代理,我只是一星期偶爾去看一下罷了(文学院のことを秘書に任せ、私は一週間たまに見に行っただけだ)」と回想した。周作人著、止庵校訂『知堂回想録』(北京十月文芸出版社、二〇一三年)七一六頁。そして、沈啓無の記憶によると、この文学院秘書こそが尤炳圻だった。前掲、「沈啓無自述」七九頁。
(57) 前掲、「沈啓無自述」七九頁。銭はこの時、北京大学秘書長として日文系主任を兼任しており、日常的な業務に手をつける余裕はなかったであろう。
(58) 前掲、「沈啓無自述」八二頁。孫玉蓉編注『周作人兪平伯往来通信集』(上海訳文出版社修訂版、二〇一四年)二七六、二七八頁。
(59) 前掲、「沈啓無自述」八一頁。
(60) 前掲、「本館記事」(『北京近代科学図書館刊』第四号、一九三八年)一一三頁。
(61) 前掲、『北京日記』二一五頁。
(62) 前掲、『北京日記』二一九頁。
(63) 前掲、『北京日記』二三〇頁、二三五頁、二六八頁、三三七頁。
(64) 前掲、『北京日記』一七八頁、二七八―二七九頁、三一八頁。
(65) 前掲、『北京日記』二六九頁。
(66) 前掲、『北京日記』二二二頁。
(67) 竹内好「大東亜文学者大会について」という一文では、一九四二年に東京で大東亜文学者大会が開催された際、「ことに北支から来る一行はすべて僕には熟知である。旧師であり、親友であり、飲み友達でさえあるのだ」と記した

（『全集』第一四巻、四三五頁）。当時華北地域の代表として参会したのは銭稲孫、尤炳圻、沈啓無、張我軍、柳龍光、片岡鉄兵の六人だった。筆者の見る限り、間接的ではあるものの、尤炳圻に関わる公表された文字はこれのみである。

(68)　楊聯陞著、蒋力編『哈仏遺墨』（商務印書館修訂版、二〇一三年）五〇頁。竹内好『転形期』（『全集』第一六巻）一一七頁。竹内好「中国人のある旧人へ」、「中国と私」（いずれも『全集』第一三巻収録）などを参照。

(69)　池上隆祐「異郷交友―竹内好さんとの北京―」（『全集』第一四巻）月報一頁。

(70)　前掲、『北京日記』一三二頁。

(71)　前掲、楊聯陞『哈仏遺墨』四九頁。

(72)　前掲、孫歌『竹内好的悖論』一一四頁。

(73)　小林基起「竹内好の「北京日記」時代について」（杉野要吉編『交争する中国文学と日本文学―淪陥下北京一九三七―四五』三元社、二〇〇〇年）四〇八頁。

(74)　同前、四〇八頁。

(75)　前掲、孫歌『竹内好的悖論』一一五頁。

(76)　朱琳「二人の「弱者」の交錯：1930年代における竹内好・武田泰淳の中国体験を中心に」（『国際文化研究』第二一号、二〇一五年）一一七頁。趙松娟「『中国文学月報』『中国文学』における戦時下の日本知識人の離郷と帰郷：竹内好の視点から」（『千葉大学人文公共学研究論集』第四一号、二〇二〇年）九七頁。

(77)　王俊文「一九三八年の北京に於ける竹内好と「鬼」の発見：ある「惨として歓を尽くさず」の集まりを中心として」（『東京大学中国語中国文学研究室紀要』第一〇号、二〇〇七年）七九頁。

(78)　前掲、岡山麻子『竹内好の文学精神』二三頁。

(79)　前掲、余禕延「竹内好の文学観の形成：北京留学を契機として」一二六頁。

(80)　前掲、黒川みどり、山田智『評伝　竹内好』四〇頁。

(81)　北京近代科学図書館放火事件の詳細について、「北京状況ノ放火ニ依ル被害状況　昭和十二年十月」（『北平近代科学図書館関係雑件　第四巻』外務省外交史料館所蔵）JACAR, Ref. B05016010400 を参照。

(82) 黄庸謙、藍彦邦「中原公司歴史的回憶」(天津市政協文史資料研究委員会編『天津文史資料』第九二輯、天津人民出版社、二〇〇一年)八頁。

(83) 劉建章「久負盛名的大商場——天津中原公司」(天津市政協文史資料研究委員会編『津門老字号』百花文芸出版社、一九九二年)八頁。

(84) 前掲、九州大学中国文学会編集『目加田誠「北平日記」』一八三頁を参照。

(85) 前掲、「北京状況ノ放火ニ依ル被害状況 昭和十二年十月」JACAR, Ref. B05016010400。

(86) 原文:「反動分子利用科学物品暗中放火希図擾害治安」。「北平市警察局関於検査近代科学図書館引火物品地点及照片等訓令 一九三八年十月一日」(北京市档案館蔵)J183-002-36022。

(87) 前掲、『北京日記』一三一頁。

(88) 前掲、『転形期』二一七頁。

(89) 前掲、楊聯陞『哈仏遺墨』四九頁。

(90) 前掲、「中国と私」(『全集』一三巻)二二〇頁。

(91) 前掲、竹内好『転形期』二一七頁。「北京での有利な就職の口を断」ったというのは竹内好が留学を終えようとした時、北京大学文学院の内定を断ったことである。文学院設立準備中、北京大学秘書長の銭稲孫も文学院院長の周作人も竹内を高く評価していたし、文学院秘書の尤炳圻も竹内の親友だったことから、竹内を文学院に誘うのは当然であった。ところが、一九三九年七月、ある日本人の友人が竹内の文学部就任を祝ったが、竹内は非常に不機嫌で、「いや僕は帰りますよ」と答えた。前掲、『北京日記』二九八—二九九頁を参照。

(92) 木山英雄『周作人「対日協力」の顛末 補注『北京苦住庵記』ならびに後日編』(岩波書店、二〇〇四年)第五章、丸川哲史『竹内好 アジアとの出会い』第四章、王俊文「一九三八年の北京に於ける竹内好と「鬼」の発見:ある「惨として歓を尽くさず」の集まりを中心として」、王升遠『文化殖民与都市空間:侵華戦争時期日本文化人的「北平体験」』(生活・読書・新知三聯書店、二〇一七年)第七章などを参照。

(93) 佐藤春夫「蒙疆—張家口」(『定本佐藤春夫全集』第二七巻、臨川書店、二〇〇〇年)一三九頁。

(94) 竹内好「佐藤春夫先生と北京」(『全集』第一四巻) 二九一頁。
(95) 佐藤春夫「蘆溝橋畔に立ちて歌へる」(『定本佐藤春夫全集』第二七巻、臨川書店、二〇〇〇年) 一五三頁。
(96) 竹内好「北京通信」(『全集』第一四巻) 一〇九頁。
(97) 同前、一〇九頁。
(98) 同前、一〇九頁。
(99) 同前、一一〇頁。
(100) 同前、一一〇頁。
(101) 竹内好「伊沢修二のこと」(『全集』第一四巻) 三一一頁。
(102) 前掲、竹内好「北京通信」一一二頁。
(103) 前掲、丸川哲史『竹内好　アジアとの出会い』六九頁。「翻訳時評」では、「現に行われている大多数の古典の翻訳が、実は訓読にすぎないということ」をも (『全集』第一四巻、一九〇頁) 批判した。
(104) 中国文学研究会の漢学や支那学に対する批判について、孫歌『竹内好的悖論』一六―三二頁、熊文莉『日本「中国文学研究会」研究』第一章及び第三章第四節を参照。
(105) 竹内好「『中国文学』の廃刊と私」(『全集』第一四巻) 四五四頁、「現代支那文学精神について」同四七一頁などを参照。丸川哲史の見抜いたのように、この論理こそが竹内の「北京通信」を読み解く重要な手がかりとなる。氏の『竹内好　アジアとの出会い』第四章を参照。
(106) 二人の戦争体験の違いと、その思想が互いに与えた影響について、渡邊一民『武田泰淳と竹内好―近代日本にとっての中国』(みすず書房、二〇一〇年)、朱琳「二人の「弱者」の交錯：一九三〇年代における竹内好・武田泰淳の中国体験を中心に」を参照。
(107) 前掲、『北京日記』二五〇―二五一頁。
(108) 竹内好「中国文学研究会について」(『全集』第一四巻) 一五七頁。
(109) 前掲、「『中国文学』の廃刊と私」四五四頁。

(110) Durba Ghosh and Dane Kennedy, eds., *Decentring Empire : Britain, India and the Transcolonial World*, Orient Longman, 2006, p. 1.

蝸牛のあゆみ

芳井　研一

大学院まで

少年時代を過ごした金沢市の人口は一八万人で、加賀百万石の伝統を受け継ぐこぢんまりとした地方都市であった。小学校高学年には犀川沿いの下菊橋のたもとにある菊川小学校に通った。同じクラスになった在日朝鮮人の友人とは帰り道が同じだったこともあり親しくなった。たしか二〇戸程度のバラック風の家が並ぶ中ほどに彼の家があった。何故このような生活をすることになったのかというのが、私のはじめての社会への疑問であり、地域社会史への関心の出発点になったように思う。

同じ犀川沿いの上流にある城南中学校に進学した。たしか教員が引率するからと誘われて、所属していたオーケストラ部の友人と自衛隊小松基地のイベントに行ったが、あとで両親にしかられた。その頃岸内閣打倒をめざす安保闘争が盛り上がっていた。私も日米安全保障条約の強化に疑問を抱き、自衛隊を災害救助隊などに再編成すればいいのではという素朴な作文を書いた記憶がある。それは多分に感覚的なものだったが、後に政治史や軍事史を学ぶことになる最初の出来事であったようだ。

金沢泉丘高校では山岳部に入り、週末ごとに山に通った。時々海も見たくなり内灘海岸に行ったが、その度に米軍の砲弾試射施設の残骸に強い違和感を抱いた。

進学先の大学は関東か関西かに迷い、三年生になる春休みに各地の大学を見学した。中央線国立駅に降り立つと、真ん中の二車線だけ舗装してある広い道路が伸びていて、しばらく歩くと一橋大学国立キャンパスがあった。東京ではあるが、ちょっとさびれた、緑豊かな環境に惹かれた。調べると、社会科学論の泰斗である高島善哉氏がおられることにも魅力を感じた。

一橋大学社会学部に入学後の一・二年生は、西武国分寺線にある小平キャンパスで授業を受けた。当時全国的に大学闘争が盛り上がりつつあったが、牧歌的な大学だったので大学管理に問題を感ずる学生は少なかった。ただアメリカによるベトナム戦争の激化と日本の加担という問題には強い怒りを感じており、私を含む学生の間では、どのデモに参加したか、するかが日常会話になっていた。

二年のゼミナールでは社会調査論を担当する石田忠氏の下で、ライト・ミルズの『社会学的想像力』を英語で読んだ。英語の論説は難解で苦労した。社会学の論争史を整理しながら、その方法論を展開する内容であった。二年生の冬のスキー部の野沢合宿の際に、早起きして丸山真男『現代政治の思想と行動』を読んだ。わかりやすい文体もさることながら、戦前の政治過程をファシズムの運動と思想から解き明かしている議論に強い興味を覚えた。三・四年の専門ゼミを決める際に、ちょうど日本政治史の新任教官として藤原彰氏が赴任されたことを知り、迷わずその門戸をたたいた。その卓越した人柄と、ゆったりとしたスタンスで鋭く問題を解析する藤原氏の語り口にひかれた。

一九七〇年に大学院社会学研究科に入ってからは、軍事史研究会や太平洋戦争史研究会などで由井正臣氏、粟屋憲太郎氏などから厳しい批判をいただいた。経済学研究科の中村正則氏のゼミにも参加させていただいた。個別報告中心のゼミには永原慶二氏も加わっていて、その都度厳しいコメントが示された。最も身になったのは、学部学生中心の農村調査であった。長野県上伊那郡の調査に参加させてもらい、村役場資料の整理や写真撮影などのイロハを実地体験することが出来た。藤原氏の主宰する太平洋戦争史の調査では、新潟県南魚沼郡五十沢村の役場資料調査を行った。雪は子供の頃からなじみが深かったとはいえ、このとき初めて一日に一メートル近くまで降り積もる山里の暮らしに思いをはせることが出来た。不思議な縁で、後にこの地域を含めた六日町史と大和町史を執筆することになる。

大学院に進学した夏に第一回現代史サマーセミナーの事務局を担当した。藤原氏は、日本現代史研究はまだ黎明期なので、研究者の層が薄く、いろんな人を結びつける継続的な組織作りが大切だと繰り返し言っていた。そこで歴史学研究会（以下歴研）の太平洋戦争史研究会に参加した日本史、東洋史、西洋史の研究者を糾合して第二次大戦前夜の一九三〇年代の世界史をテーマとしたセミナーを開くことになった。これが、その後続けられる現代史サマー・セミナーの出発点である。三日間、高尾山薬王院で開かれ、『世界史における一九三〇年代─現代史シンポジウム─』を刊行した。(1)

歴研の会務の仕事も継続的に担当した。委員長は西川正雄氏で、後に稲垣康彦氏になった。この頃米軍押収資料の返還活動にも力を注いだが、会務の仕事の一環だったのかもしれない。米国に滞在中の油井大三郎氏から議会図書館の日本関係文書のリストをいただいたが、多忙ななかでの書庫の検索に頭が下がった。東京大空襲戦災誌を編纂中の松浦総三氏などからも積極的にバックアップしていただいた。押収資料は、その後返還されたが、危惧していたように国立公文書館と防衛庁戦史室に分けて保存されることになったので、軍関係文書の一部が返還後非公開のままのようである。

歴研の大会準備の例会では多彩な話を聞くことが出来たが、板垣雄三氏のn地域論の議論がとりわけ印象に残った。この魅力的な枠組みは、後に環日本海論を組み立てる際に取り入れさせていただいた。もうひとつ気になっていたのは上原専禄氏の歴史の視点である。氏は『歴史学序説』のなかで、歴史学を人々の生活経験によって規定された問題意識や生活意識に即して意味があると想定される生活現実を知的にとらえようとする経験科学であると述べた。私も、そのような生活現実に向き合った課題を追求したいと思った。とりあえず米軍の砲弾試射場施設のための土地接収に地域ぐるみで反対した内灘闘争の資料を集めて書いてみたが、読者の反応はかんばしくなかった。どうアプローチしていいかわからないまま、富山県で起こった電気料値下げ運動の調査のため滑川町などに行ったのは一九七四年である。一九三〇年代の青年集団の活動にも関心を覚えたので地域資料を集めようとした時に、日本青年館の資料室に全国の地域青年団の団報などが大量に所蔵されていることを知った。これらの資料を読み込むことで、当時の青年層が直面した生活現実を歴史の俎上に組み上げられるのではないかと考えた。だが資料操作も問題の立て方もあいまいなままに、まとめざるを得なかったのは残念であった。

あとから思い起こすと、私自身、この時期に必要なトレーニングを積めなかったという苦い思いがある。最も求められたのは、資料を取り巻くあらゆる状況を探索しつつ、柔軟な思考と多様な視点から資料を見つめ、その意味を深く分析することだが、そのために何をすべきかが当時理解出来なかった。後にカリキュラム編成にたずさわったとき、そんな反省から資料講読などを取り入れた科目を工夫することになる。その間に活字として発表した最初が歴研編『太平洋戦争史』第五巻の「太平洋戦局の転換」であった。一九七三年には永田鉄山の「国家総動員ニ関スル意見」などを用いて「日本における総力戦体制の構築」(『日本史研究』一三一号)と題する論文を公表した。

地域社会史研究

一橋大学の特別研究員として過ごした後、一九七六年に新潟大学法文学部史学科に赴任した。日本海と佐渡島を見渡すことの出来る新潟大学五十嵐キャンパスの環境は心地よかった。私は資料を読み込むのは得意ではなかったが、問題を組み立てたり、各地に調査に出かけるのを好んだ。日本近現代史を担当していたので、学生と一緒に県下の各地を訪れることが多くなった。新潟県史や栃尾市史、見附市史などのお手伝いをしていたので関係資料の分類基準を作成した上で、見せていただいた資料を分類・整理し、目録をつくる作業が続いた。一九七七年からの山古志村での調査も忘れることは出来ない。当時の山古志中学校の寄宿舎を利用し、二日間から一週間程度までの合宿調査を何年かにわたり繰り返した。二十村郷といわれるように村落がそれぞれ分散している中山間の村で、すべての集落を廻り、資料を収集して目録を作成した。多くの村人のお話をお聞きしたりするなかで、人々の生活を通しての思い、願いを何らかの形で記録しなければならないと思った。一九八六年からは長岡市史編纂のために一帯の悉皆調査を行った。長岡市近郊の深才村の村長日記には村の実情が詳細に記されており、NHKの特集で紹介された。都市の社会空間の奥行きを感じたのはこの頃である。ゼミテンが大学教員や高校教員になってからも、長岡市史や六日町史などの編集委員をお願いし、調査や執筆に加わってもらった。定例の研究会では相変わらず手厳しく発言したが、あたかもゼミの同窓会を開いているような楽しい時間を過ごすことが出来た。

新潟県史をはじめとする自治体史の執筆は、その対象が広範にわたることもあり政治や経済、社会、民俗などの分野に別れて担当することが常であった。私は成り行き上政治を担当し、主として行政文書中心の資料調査や執筆を行った。ただ自治体をめぐる様々の事象は、政治の問題であっても経済や社会の推移と密接に関わっているので、出来れば農業恐慌や農民運動などの資料も精力的に検討したかった。だが執筆のノルマを消化するためには必要以上の時間をそれらに割くことは出来ず、編さん室側も消極的であった。結果としては、こうした一連の仕事も後の地域社会史研究に生かされることになるが、当時の私は自治体史とは別に自分の関心に沿って調査を進める必要を強く感じていた。

常々上原氏の視点を生かしたいと思っていた私には、もうひとつとても気になる言説があった。ハーバーマスの『公共性の構造転換』である。私なりの理解では、国家と市民社会が分離する近代において「公共性」は統合の手段となるが、同時に自由や民主主義を担保する盾ともなる、という枠組みである。それまで丸山真男氏や藤田省三氏、石田雄氏の天皇制の構造論に対して漠然と抱いていた違和感が解消されるような感想を持った。天皇制のシステムに組み込まれ基盤となっていく人々を直接の対象とするのではなく、組み込まれつつももがき、抗い、新しい何かを模索するような住民の動向を探りたいと思うようになった。かつて中野区史の執筆者の一人である栗木安延氏に誘われて全国金属の労働組合員の聞き取りをしたとき、経営側の倒産方針に対し組合が生産管理闘争で対抗したという話を生き生きと伝えてもらったことを思い起こした。一時的ではあっても工場という空間をめぐるせめぎ合いのなかでの一条の光が目の前に浮かぶようだった。時に歴史のなかで浮かび上がる公共空間をめぐるせめぎ合いをひろいあげるなかから何かを解明することが出来るのではないかと思った。電気もそのひとつだったので、電燈料値下げ運動を俎上にのせていたといえる。もうひとつ北陸から東北にかけて拡がった地域住民の活動として雪害救済運動を取り上げた。豪雪地帯をかかえる新潟県では、一九二七年の大豪雪をきっかけに山形県などと連携して雪害救済のための運動を起こすのであるが、その足跡を検討した。さらに近代史における公共空間の位置を探るために片山潜や安部磯雄の都市公営事業論や弁護士布施辰治の言説をたどることにした。布施の目ざした、住民自身が自らの生活問題に自治的に取り組み、規律と節制をもって社会や政治に関わることを必要不可欠とする認識を生活自治論と名付けた。

生活自治論の片鱗は、私が調査し執筆した地域社会史にもちらばっていた。その点では二〇〇三年から取り組んだ六日町史と大和町史の執筆がキーポイントであった。近代の南魚沼郡では、地域の自治をめぐる魅力的な取り組みが重ねられていた。六日町の県議佐藤良太郎は自治の価値を追求するなかで足尾鉱毒問題にのめり込んだ。六日町長から南魚沼郡会議長になった山口千代松は、南魚沼郡が豪雪地帯であるとはいえ幕末維新期には三国街道の交通の要衝として栄えていたのに、鉄道中心の交通体系が出来上がるにつれ最後進地に転落したと嘆いた。住民多数の意見を議会や行政組織に集約・反映させることが不可欠であるとする「自治論」を展開した。その志は、一五年戦争期の六日町会や町行政のなかにも受け継がれた。見直してみると、私が歩きまわった地域社会にはおのおのの光が輝いていた。こうして近代地域社会の公空間で、生活権や生存権をめぐるせめぎあいが展開され、生活自治が追求された足跡を整理することが出来た。二〇〇一年四月二四日付の備忘用のメモ帳に「地域は本来的に住民の日常生活を営むために必要とされる公共的空間としてある」と記したが、こうした枠組みが整ったことにより『近代日本の地域と自治』をまとめることが出来た。(2)

南魚沼郡では豊かな青年団活動や八海自由大学などがあり、戦後には歌声運動などに受け継がれた。八海自由大学について執筆した際に、自由大学雑誌の会員動向欄に中田邦造の名を見つけ、以前もっと深掘りしておけばよかったと思い返した。農民的教養の意義を唱え青年指導に活かした石川県立図書館長中田邦造の日誌風メモをもとに、青年団活動の実相に迫るという方法があったと思い返した。以前の研究をもとに、まとめ直してみたいという意欲が湧いた。なお、この地には石打スキー場があり、毎冬現代史ウインターセミナーが開かれたことも思い出深い。

環日本海研究

ベルリンの壁が崩壊し、冷戦が終結した一九九〇年代以降のしばらくの間は、世界の国々が平和の方向に向かって努力していると素朴に信ずることができた、ある意味楽天的な時代だった。日本海をはさんだ国々が、手をたずさえて平和を追求する時代が来たと喜んだ。自治体間の国際交流が加速し、自治体外交が花盛りとなった。そんな希望に満ちた雰囲気の下で環日本海研究が盛んになった。

新潟大学でも全学的組織として環日本海研究会が発足した。新潟県からの研究委託も受けて学術交流のネットワークつくりのための宣言が発せられたのは一九九一年である。学内で頻繁に研究例会を開くとともに、国内研究機関との連携、ロシアや中国、韓国などとの研究交流に熱心に取り組むことになる。私もその意義に賛同し例会に顔を出したり論文を公表したりしていたが、他の幾つかの仕事を抱えていて身動きがとれず、当初は前のめりになることは出来なかった。かつて熱心に動きまわった教職組の活動のように、張り切りすぎるとつまずきがちになるという苦い思い出もあった。人文学部では中国近代史担当の古厩忠夫氏が同研究会の最初の組織作りから奮闘し、それに引きずられるように皆が加わっていったようだ。

一九九四年には大学院現代社会文化研究科に環日本海研究室が発足して『環日本海研究年報』を発刊した。ちょうど在外研究を終えて帰国したときだったので私も編集の手伝いをするようになった。一九九六年からは現代社会文化研究科の環日本海プロジェクトの事務局長になり同年報の発行人になったので、毎号のように寄稿することになった。「中東鉄道問題とパリ不戦条約」、「安東領事館分館設置問題の波紋―吉田茂と田中外交―」、「「日本海湖水化」論の背景」などである。同じ頃人文学部でも『環日本海地域比較史研究』を発刊したので、そちらには「大正デモクラシー期の環日本海論」、「日露戦後の環日本海論」などを掲載した。これら一連の作業の中で留意した第一点は、近代日本が国民国家化する際に、国内の民主化の進展と対外進出・侵略がリンクしていた構造をたどることであった。住民は帝国意識を高めるのと表裏で生活向上のための地域間交流を求めた。第二は板垣雄三のいうn地域論を組み込むことであった。長い歴史のなかで可動的に変化する地域の結びつきにおいて、n地域というまとまりが意味を持つという脈絡のなかで、環日本海論を考えたかった。環日本海地域の一体性が人々に意識化されたのは、日本の帝国意識の内部においてであったが、冷戦終結後の一九九〇年代には全く異なる意味合いをもって位置づけられるようになると期待した。そうした希望に立脚しつつ過去の同地域をめぐる変容を再整理したいと考えた。

ちょうど人文学部に一九九八年に新設した環日本海社会環境論講座のスタッフとして井村哲郎氏とサヴェリエフ・イゴリ氏を迎え、資料調査や研究活動を強化していた。北京大学歴史系との共同研究で、環日本海社会環境論講座のメンバーを中心に遼寧省档案館、大連市档案館、大連市図書館などを廻った。大連では北京大学の宋成有氏から軍港方面や大連港の外周を案内していただいた。概要が理解出来たので「大連港を中心とする環日本海地域の物流」(『環日本海論叢』一七号、二〇〇〇年)をまとめ公表した。日露の軍事的対抗の狭間で大連自由港が発展しつつ戦争の波に飲み込まれていく関係を整理した。

このとき私は大連で一行と別れ吉林省延吉市に飛んだ。延辺大学歴史系前教授から間島問題をめぐる様々の知見をお聞きした。氏の生地である龍井村では、龍井市党区委員会の建物として使用されている元間島総領事館の塀に鉄砲穴があった。北朝鮮との国境沿いに琿春まで行った。探し当てた元日本領事館分館は荒れ果てた姿をさらして残っていた。山の中にはパルチザンの記念碑があり、一九二〇年代前後にこの地で繰りひろげられた対日武装抗争を彷彿させた。最も期待した間島問題に関する資料は延吉市档案館では閲覧出来ないとのことで、国境がらみの資料収集の困難さを実感した。その後訪問した長春市の吉林省社会科学院満鉄資料館では所蔵資料の閲覧や複写が可能であり、こちらでは目的の資料を手に入れることが出来た。満鉄資料館は満鉄や「満州国」研究の権威である解学詩氏などの尽力により設立されたという経緯があり、外国人研究者にも親切に対応していただいた。こうして二〇〇〇年に何とか『環日本海地域社会の変容─「満蒙」・「間島」と「裏日本」─』を刊行することが出来た(3)。当時の気負いを主題に託したが、副題のほうが内容に合っているとのお叱りを受けた。

この時期になると環日本海論は各方面から逆風を受けるようになっていた。潮が引くように中心メンバーが消えていったことが痛かった。それには韓国が「日本海」という名称は植民地支配の産物であるとし「東海」と呼ぶべきだと提案して、国際的な活動を始めたことが影響していた。また日本海交通網を本格的に稼働させようと張り切っていた経済界の試みが挫折し、有力な経済連携が結局成り立たなかったという事情も影響した。関西財界を含めて盛り上がっていた環日本海経済連携論も、一気に潮目が変わってしまった。拉致問題をめぐって北朝鮮との関係が悪化したことも深い影を落とした。

ただ私たちは環日本海交流の意義自体は変わっていないと考え、とにかく前向きに取り組むことにした。また県下の環日本海研究団体を糾合して新潟環日本海研究ネットワークを立ち上げようとした。二〇〇〇年と二〇〇一年には新潟国際情報大学と敬和学園大学で「東北アジア歴史像の共有を求めて」と題する国際シンポジウムを開いた。ロシアからコジェブニコフ氏、韓国から李琦錫氏、李啓煌氏、中国から歩平氏、宋成有氏、台湾から呉文星氏などを招聘した。ふり返ればこの時が環日本海をめぐる活動のピークだったのではないかと思える。私自身は、とにかく「日本海」の呼称問題に向き合わないと前に進めないと考え、小著をまとめることにした。先のシンポジウムではソウル大学の李琦錫氏が『東海』地理名称の歴史と国際標準化論議」について報告していた。その縁で東海学会副会長でもあった李氏の招待を受けて韓国で開かれた東海のシンポジウムに参加した。その機会にソウル大学が所蔵する植民地期の教科書を点検する機会に恵まれた。東京の教科書図書館で福沢諭吉の教科書を見たり、国立国会図書館で海軍省水路局の資料を閲覧するなどあちこち調査し、呼称の推移を整理することが出来た。そこで二〇〇二年に『「日本海」という呼称』を出した。(4) その後環日本海学会は北東アジア学会へと名称を変更し、近年新潟県の環日本海研究所も閉じられた。

私といえば岩波講座『日本歴史』で「環日本海交通圏」について書くようにとの依頼があり、交通圏の変転を住民生活の視野からとらえようと試みた。生活の範囲、経済の範囲、国家の範囲という三層のうち近代の環日本海では国家→経済→生活という優先順序で交通圏が形成されたが、それを逆転させることを展望すべきであろうと構想し執筆した。

「満州国」と満鉄調査部の研究

二〇〇〇年以降は、ほぼ毎年中国での調査を実施した。ビザ取得の煩わしさがなくなり、東北地域の資料機関の人脈も豊富になっていた。吉林省档案館ではマイクロフィルム化した関東軍憲兵隊の労働力強制動員の資料を入手できた。資料を分析し「満州国」期の住民や労働者の強制動員の実態を明らかにした。断片的な資料を多く含む画像の読み取りに苦労したが、その全体像に多少とも迫れたかと思う。また日本がどのように「満蒙問題」をとらえるようになり奥地への鉄道敷設を行ったか、それが当該地域の社会変容を余儀なくさせ、より大きな摩擦を生むことになったかの推移をまとめた。これらの研究は私の編著『南満州鉄道沿線の社会変容』に収められた(5)。同書には、東北都市史研究の泰斗である東北師範大学歴史文化学院の曲曉範氏、当時満鉄資料館副館長で人文学部に一年間客員研究員として滞在した武向平氏、それに当時現社研大学院博士課程の殷志強・宋芳芳・陳祥各氏に加わってもらった。調査に際しては現社研の修了生の協力で、モンゴル人民共和国の国境沿いにある鉄道の終点駅阿爾山まで足を伸ばし、日本軍の対ソ戦用の航空基地の残滓を見た。また柳条湖事件の直前に起こった万宝山事件の現場に立つことも出来、関係資料の読み込みに大いに役立った。

長春市には城を模した関東軍司令部の建物をはじめ、「満州国」がらみの建物がそのまま残っていた。ソウルでは朝鮮総督府の建物を光復五十年のイベントの際に爆破するということで、あわてて直前に見に行ったが、こちらでは街並みを含め再利用されていた。日本の支配に対する記憶の仕方の違いなのかなと思ったりした。しかし吉林省档案館などが関東軍憲兵隊の焼却資料を掘り出し、焼けた資料の断片を一片一片ていねいに復元する作業を重ねていて、日本統治の歴史の記憶を決して忘れない執念を感じた。

次に満鉄調査部がらみの資料を収集し、読み進みながら、資料集を編集刊行した。中国社会科学院近代史研究所档案館と図書館の調査では、近代史研究所長の歩平氏などにお世話になった。近代史研究所図書館には満鉄調査課で作成された約百万頁の切抜帳三五一〇冊が保存されていた。一九一八年から一九四〇年頃までの一七〇種以上の新聞や雑誌から調査員が選択した記事がもとになっている。九・一八事変が起こったときに調査課時局資料総合班が作成した資料にも、これらの記事が用いられている。その『満州事変日誌記録』は同研究所と新潟大学環東アジア研究センターとの共同編集で全三冊の資料集として刊行した(6)。

さらに満鉄資料館と新潟大学環東アジア研究センターの共同編集による『南満州鉄道株式会社 帝国議会説明資料・別冊』を刊行した(7)。さらに同じ満鉄資料のシリーズとして『東京時事資料月報』を出した(8)。その復刻には新潟大学付属図書館所蔵のマイクロフィルムを用いたが、逐次満鉄資料館所蔵のものと照合した。

これらの資料を利用して「柳条湖事件直後の現地社会と住民状況」「柳条湖事件後の満鉄新経営」などを執筆した(9)。日中戦争に対する尾崎秀実、中西功、具島兼三郎の論説を読み、満鉄上海事務所調査室がまとめた「支那抗戦力調査」ともどもその的確な分析にも惹かれて、「国際情勢の変転をめぐる満鉄調査部の現状分析」をまとめた(10)。その際参考にしようとしたが日本では閲覧出来なかった一九四一年一一月の東京支社調査室の世界情勢調査委員会報告を近年ワシントンＤＣの議会図書館でやっと入手出来たものの、残念ながら内容は期待外れであった。

日中戦争研究

日中戦争研究は大学院時代からの研究課題であったが、遅々として進んでいなかった。そこで現地調査の進展に沿って研究をまとめようと計画した。

まず日中戦争のはじめから終わりまでを私なりに通して考えて見たいと思った。総力戦の形成についての論文を公表したのは一九七三年であったが、その後総力戦論をめぐって戦後体制への連続説が唱えられて論争となり、多方面の実証研究が積み重ねられていた。私も「満蒙」問題をめぐる幣原外交と田中外交の対応や陸軍中堅将校の動向、また華北分離工作や準戦時体制期の諸問題などについて個別に検討した。ただ曲折に満ちた九・一八事変への道を、みずから納得出来るほどに示すに至らなかった。霧が晴れてきたのは、公空間と生活自治という枠組みに沿って『近代日本の地域と自治』を執筆した頃である。日本における平和の追求も、公空間をめぐる諸集団の競合という視点に立って描けるのではないかと思うようになった。第一次世界大戦後には、平和を自分たちの手で築こうとする思想や活動が拡がっていたし、列強による世界秩序維持体制であるヴェルサイユ・ワシントン体制のもとでも権力外交や弱肉強食論を抑制する傾向が国家間の外交関係のなかに生まれつつあった。平和追求をめぐって競合関係が生まれていたことを当該時代史の中心問題のひとつとして整理しておく必要があると考えていた時に、内藤民治に出会った。内藤民治は新潟県三条市の出身で、破天荒で魅力的な人物であった。三条市図書館を手はじめに、遺族への接触、北洋漁業に関わったので函館市図書館や日露漁業会社の資料、言論活動を本格化したサンフランシスコでの足跡、記者として記事を書いたニューヨーク・トリビューンなどを調べたが、結局決め手となる材料にはたどりつかなかった。ただ彼が創刊者だった大正デモクラシー期の総合雑誌『中外』の復刻を使うことが出来たし、警保局の要注意人物だったので内務省関係の資料もあった。本人が執筆したパンフレットなども国立国会図書館が所蔵していた。こうして内藤が日ソ国交回復活動などを担ったことを跡づけた。これらの人々の活動を外交や軍事過程と対比させながら描くなかで、九・一八事変への道を動的にたどり、『柳条湖事件への道―平和と戦争のせめぎあい―』を刊行することが出来た。(11)

その頃には大学院修了生のゼミテンなどが、北京大学をはじめ、首都師範大学、社会科学院日本研究所、華中師範大学、復旦大学など中国各地の大学教員などになり、様々の便宜をはかってくれるようになっていた。そこで北京市档案館や天津市図書館などの調査を経て、青島市档案館や上海市档案館など華中の調査に重点を移した。中国海洋大学や華中師範大学の客員教授に招聘されたこともあり、円滑に閲覧出来た。狙いは日本軍などが残した原文書を確認し、必要部分を入手することであった。上海市档案館は公開資料については複写出来たが、青島市档案館ではかなり制限された。済南市の山東省図書館には日本軍の文書があったが、撮影禁止ということで筆写に頼らざるを得なかった。他方揚子江流域では重慶市図書館や杭州市図書館、南京市図書館などの蔵書の閲覧はもちろん可能であったが、訪れた中国第二歴史档案館、武漢市档案館では目的の文書に接することは出来なかった。時代が下るにつれ外国人への資料公開に慎重になっていたようである。

北京大学歴史系の徐勇氏のプロジェクトで、アジア太平洋戦争期の日本軍の軍事戦略を担当した。改めて防衛省戦史部図書館などで「田中新一日誌」や「眞田穣一郎日記」などを調査の上『太平洋戦争時期的対華戦略与謀略』を刊行した(12)。同プロジェクトの調査で重慶市の日本軍機による爆撃現場や、細菌戦の村がある義烏市などを訪問したが、やはり百聞は一見にしかずであった。『日本侵華与中国抗戦』には「日中戦争と日米開戦・重慶作戦」を寄稿した(13)。『抗日戦争研究』にも「日中共同歴史研究有関九一八事変爆発的研究成果」を執筆した(14)。

以前まとめた日独伊三国同盟論を米公文書館所蔵資料などにより補強して「南進論と日独伊三国同盟」を公表した(15)。副題は「情報の調査と立案をめぐる再検討」であり、これは陸海軍の中堅幕僚層や外務省の中堅官僚層などの情報収集と立案のレベルから問題を再整理したからである。修士論文作成の準備のために一九七一年頃に防衛庁戦史室を訪ねたとき、稲葉正夫氏から中堅官僚層の動向がわかる資料を提供していただいたことがあった。その資料も使わせていただいた。また同様の視点から米公文書館の所蔵資料も利用して第一次近衛内閣期の東亜新秩序声明の政策過程を検討し、この場合は海軍事務当局のイニシアチブがあったことを示した。それらの既研究を整理して日中全面戦争史研究として公表しようとした。折角なので英語版で刊行しようと企てたのが失敗だった。翻訳などの労多くして作業が滞り、〆切に間に合わないと判断し、やむを得ず断念した。

その後吉川弘文館から、日中戦争期の難民問題についてまとめてみないかと勧められた。既公表の「日中全面戦争期の戦争難民問題」や「日中全面戦争の展開と難民問題」をもとにして難民に焦点を絞って一般向けに書いて欲しいとのことであった。問題の性格上第一次資料が少なく躊躇するところがあったが、日中戦争の展開過程とリンクさせながら難民簇生の実態をたどることが出来れば新たな結実が期待出来ると思い直した。改めて収集資料を点検した。前掲論文の目玉のひとつは、中国社会科学院近代史研究所档案館所蔵の中国国民党政府の難民関係資料であった。だが関連の档案は、台湾の档案館でも所蔵されていることがわかった。上海市档案館で難民関係資料について検索したところ、国共内戦時に関係档案を台湾に移したことを確認した。そこで台湾国史館に行ったが、この時は検索に手間取りたどり着くことが出来なかった。台湾総督府文書中にも、見つからなかった。ところが二〇一六年秋から同館所蔵文書をインターネットで閲覧・複写出来るようになったので、早速手続きをして検索すると、お目当ての国民政府の難民対策関係資料がヒットした。複写して読み進んだが、期待したものではなかった。この時点で求めていたのは、日中戦争の戦線が拡大するなかで、いつ、どこで、どれくらいの難民が生まれていったかを具体的に示す資料であった。そこで仕切り直しし、中国国民党の党史館を訪問した。党本部の本館にある党史館ではいくつかの関連資料を閲覧出来たが、複写も写真撮影も禁止で、筆写のみ可能であった。一方スタンフォード大学フーバー研究所図書館を二度目に訪れたのは二〇一八年の秋であった。難民関係の資料を求めて日中戦争期の日本軍関係資料を閲覧した。宣撫班関係のいくつかの資料は同図書館で複写出来たが、上海にあった軍事調査機関の日森研究所関係の資料は見当たらなかった。アジア図書館に行ってリサーチアシスタントに相談した。色々探して下さり、結局キャンパスの東の端にある蔵書ビルディングに移動したことがわかり、資料を写真撮影した。その一部も難民問題を検討する際に利用した。その他アジア歴史資料センターの資料や古厩氏の蒐集した中国資料からも難民関係の資料を収集した。笠原十九司氏、石島紀之氏、吉田裕氏の仕事から得られるものも多かった。二〇二〇年に何とか『難民たちの日中戦争―戦火に奪われた日常―』を刊行した(16)。

その後課題の重点を戦後にずらし、東北アジアにおける冷戦形成の問題を検討することにした。すでに米国立公文書館などで収集した資料が手元に積まれていた。初めて米国の国立公文書館に行ったのは一九八五年であるが、ワシントンDCは例年にない暑い夏で、特派員の友人の家に居候させてもらっての一か月の滞在だった。それからは何度も通うようになった。本館での調査と共にワシントン近郊にあるスートランドの分館での作業にかなりの時間を割いた。GHQによる日本占領関係の資料が保管してあり、ちょうど日本の国立国会図書館の星氏がほぼ全資料のマイクロフィルム化を進めていた。その後公文書館の新館がメリーランド州カレッジ・パークに開館し、本館で閲覧していた資料は同館に移された。新館にも何度か訪れたが、本館からのバス便は不便で、利用しにくくなった。ただ旧館では資料を複写で入手していたが、新館では自分で写真を撮ることが許可されたので、作業能率は格段に向上した。ロンドン郊外のキューガーデンにある英国立公文書館、ナショナルアーカイブスでも、日中戦争期の対日・対ソ関係の資料、中国への援助作戦の資料、戦後のアジア政策をめぐる日英関係資料などを収集し、一部は論文作成に反映させた。こうした資料を全面的に検討する時間的余裕がとれず悔しい思いをしていた。そこで改めて収集した資料を読み込んで「対日占領期における地方自治体制の形成」と「米国の東北アジア戦後秩序構想の波紋—分断国家成立と日本の限定的再軍備着手の背景—」を公表した。ただし全体を貫く柱が定まらず、まとめ切ることが出来ていない(17)。

迷い道を手探りで進むような研究生活であった。師からは繰り返し、一つの課題に集中して粘り強く掘り下げるように言われ、そうしたいとは思ったが果たせなかった。その都度目の前に突きつけられた問題に悩み、調査し、資料を収集し、時間に追われて何とか〆切に間に合うようまとめ公表するという繰り返しであった。まあそんな、のろのろと蝸牛(かたつむり)のようにあゆむ愚直な研究者もいたということで。

注

(1) 江口朴郎他編『世界史における一九三〇年代—現代史シンポジウム—』青木書店、一九七一年。
(2) 芳井研一『近代日本の地域と自治—新潟県下の動向を中心に—』知泉書館、二〇〇八年。
(3) 芳井研一『環日本海地域社会の変容—「満蒙」・「間島」と「裏日本」』青木書店、二〇〇〇年。
(4) 芳井研一『「日本海」という呼称』新潟日報事業社、二〇〇二年。
(5) 芳井研一編著『南満州鉄道沿線の社会変容』知泉書館、二〇一三年。
(6) 『満州事変日誌記録』全三冊、不二出版、二〇〇九年。
(7) 『南満州鉄道株式会社　帝国議会説明資料・別冊』不二出版、二〇一〇年。
(8) 『東京時事資料月報』不二出版、二〇一一年。
(9) 芳井研一「柳条湖事件直後の現地社会」(『環日本海研究年報』一六号、二〇〇九年)、同「柳条湖事件後の満鉄新経営」（『環日本海研究年報』一七号、二〇一〇年）。

（10）芳井研一「国際情勢の変転をめぐる満鉄調査部の現状分析」（『環日本海研究年報』一八号、二〇一一年）。

（11）芳井研一『柳条湖事件への道―平和と戦争のせめぎあい―』高志書院、二〇一〇年。

（12）芳井研一編『太平洋戦争時期的対華戦略与謀略』社会科学文献出版社、二〇一五年。

（13）芳井研一「日中戦争と日米開戦・重慶作戦―田中新一「業務日誌」を通して―」『日本侵華与中国抗戦』社会科学出版社、二〇一三年。

（14）芳井研一「日中共同歴史研究有関九一八事変爆発的研究成果」中国社会科学院近代史研究所中国抗日戦争史学会『抗日戦争研究』二〇一一年第四期。

（15）芳井研一「南進論と日独伊三国同盟」（『環東アジア地域の歴史と「情報」』知泉書館、二〇一四年）。

（16）芳井研一『難民たちの日中戦争―戦火に奪われた日常―』吉川弘文館、二〇二〇年。

（17）芳井研一「対日占領期における地方自治体制の形成」（『環東アジア研究』第一〇号、二〇一七年）。同「米国の東北アジア戦後秩序構想の波紋―分断国家成立と日本の限定的再軍備着手の背景―」（『環日本海研究年報』第二三号、二〇一八年）。

原稿募集

『年報日本現代史』第30号（二〇二五年刊行）の原稿を募集します。

応募資格は問いません。

内容は日本現代史にかかわる論文で、四〇〇字七〇枚以内（図表・注を含む）。

応募者は二〇二四年一二月二〇日までに完成原稿をお送りください。編集委員による審査を行い、その後に結果をお知らせします。なお、審査の結果、研究ノートとして採用する場合もあります。

原稿は、原則としてA4判、四〇字×四〇行を一枚とし、プリントアウトした原稿一部を左記までお送りください。

また、同じ内容のPDFファイルを左記メールアドレスにお送りください。

採否にかかわらず、原稿は返却しません。ご了承ください。

原稿送り先

〒171-0021　東京都豊島区西池袋2-36-11

株式会社　現代史料出版内

「年報日本現代史」編集委員会

E-mail : gendaisi@atlas.plala.or.jp

『年報日本現代史』執筆規定

1. 原稿の種類　論文・研究ノート、及び編集委員が特に執筆を依頼したもの。

2. 原稿枚数　論文四〇〇字七〇枚程度、研究ノート四〇〇字五〇枚程度、その他は編集委員の依頼による。

3. 原稿提出　原稿は、完全原稿を提出する。ワープロ原稿は、A4判、四〇字×四〇行を一枚とし、プリントアウトしたもの一部と、同じ内容のPDFファイルを上記メールアドレスに送付する。注は全体での通し番号とし、文末に一括する。図版・写真などを転載する場合は、執筆者が許可を得ることとする。

4. 論文審査　編集委員による審査を行い、場合によっては、訂正・加筆を求めることがある。

5. 校正について　執筆者校正は原則として二回までとする。

編集後記

▼九月にイギリスのケンブリッジ大学アジア・中東学部日本学科で講演を行った。講演は日本語で行ったが、院生たちはよく理解し、自在に日本語を操っていた。さらに話を聞くと、皆、日本への留学経験があり、英語圏の研究だけでなく、日本語で書かれた研究にも精通していることが分かった。それをふまえて博士論文を執筆しようという姿勢に、グローバル化した研究状況を感じた。これに対して、日本史研究では同様に対応しているのであろうか？　英語などの外国語による日本史研究を取り込んで議論しているだろうか？　以前から日本史研究のガラパゴス化を懸念してきたが、今回の訪英ではそれを改めて意識した。本号の特集が、グローバル化した研究状況に適うものであれば幸いである。

（安達宏昭）

▼二〇二二年、日本の防衛政策は大転換を遂げた。防衛費のＧＤＰ比二パーセントへの増額や、「反撃能力」の保有を明記した新「安保三文書」の決定などだが、注目されていないのが日英・日豪の「防衛協力」である。この間日本は、イギリス・オーストラリアとの間で、双方が相手国に部隊を配備することを可能とする「円滑化協定」を締結し、日英・日豪は「準同盟国」の関係になった。他方、米英豪は二〇二一年、事実上の対中三国軍事同盟であるオーカス（ＡＵＫＵＳ）を発足させており、海外メディアはオーカスが日本の参加を求めていると報じている。しかし日本には、日中戦争という重い過去があり、さらに万一中国との「有事」が生じた場合、戦場となるのは日本（沖縄だけではない）である。日本は今、歴史的な選択を迫られている。

（高岡裕之）

▼ウクライナ戦争が始まった頃から、新聞に出てくる軍事用語が気になってしかたがない。例えば、各紙とも「ロシアが予備役を招集」と書いているが、「招集」は会議などに使う言葉で、兵員の場合は強制を伴う「召集」である。「ロシアはミサイルの在庫が払底」という報道も目立つが、「在庫」はビジネス用語だ。戦力不保持の日本国憲法の下で、「歩兵連隊」を「普通科連隊」と呼ぶなど、軍事用語のソフトな言い換えを長い間してきたことが背景にあると思うが、記者の不勉強も一因ではないだろうか。こんな状況の下で、安全保障政策の根本的転換が行われようとしている。「遺恨一〇年一剣を磨き」ではないが、そろそろ研究者としての仕事で「反撃」をしたいと思う。

（吉田裕）

編集委員
赤　澤　史　朗　（立命館大学名誉教授）
豊　下　楢　彦　（元関西学院大学法学部教授）
森　　　武　麿　（一橋大学名誉教授、神奈川大学名誉教授）
吉　田　　　裕　（一橋大学名誉教授）
明　田　川　融　（法政大学法学部教授）
安　達　宏　昭　（東北大学大学院文学研究科教授）
高　岡　裕　之　（関西学院大学文学部教授）
戸　邉　秀　明　（東京経済大学全学共通教育センター教授）
沼　尻　晃　伸　（立教大学文学部教授）

日中戦争期日本の華北占領支配
年報・日本現代史　第28号　2023

2023年12月25日　第１刷発行

編　者　「年報日本現代史」編集委員会

発行者　赤川博昭
宮本文明

発行所　株式会社 現代史料出版
〒171‐0021　東京都豊島区西池袋2‐36‐11　TEL(03)3590‐5038　FAX(03)3590‐5039
発　売　東出版株式会社

Printed in Japan　印刷・製本　亜細亜印刷
落丁本・乱丁本はお取替えいたします
ISBN978-4-87785-394-5

「年報日本現代史」バックナンバー

創刊号　戦後五〇年の史的検証　本体価格二、九一三円

第2号　現代史と民主主義　本体価格三、一〇七円

第3号　総力戦・ファシズムと現代史　（品切）

第4号　アジアの激変と戦後日本　本体価格三、二〇〇円

第5号　講和問題とアジア　本体価格三、二〇〇円

第6号　「軍事の論理」の史的検証　本体価格三、二〇〇円

第7号　戦時下の宣伝と文化　（品切）

第8号　戦後日本の民衆意識と知識人　（品切）

第9号　象徴天皇制と現代史　本体価格三、二〇〇円

第10号「帝国」と植民地―「大日本帝国」崩壊六〇年―　本体価格三、六〇〇円

第11号　歴史としての日本国憲法　本体価格三、六〇〇円

第12号　現代歴史学とナショナリズム　本体価格三、六〇〇円

第13号　戦後体制の形成―一九五〇年代の歴史像再考―　本体価格三、六〇〇円

Ⅰ　自由党型政治の定着／中北浩爾　Ⅱ　地方政治における戦後体制の成立／功刀俊洋　Ⅲ　一九五〇年代における経済自立と開発／浅井良夫　Ⅳ　一九五〇年代の農業諸制度と政府―農民関係／岩本純明　Ⅴ　鳩山政権期の日米関係とジュネーブ会談／吉次公介　【小特集】連合国戦争犯罪政策の再検討／林博史　手紙の中の「東京裁判」／川島高峰　◆現代史の扉（原朗）

第14号　高度成長の史的検証　本体価格三、六〇〇円

Ⅰ　自衛隊における〝戦前〟と〝戦後〟／植村秀樹　Ⅱ　一九六〇～七〇年代における日本社会党の党組織と江田三郎／岡田一郎　Ⅲ　社会開発の挫折とその背景／菊池信輝　Ⅳ日本の大気汚染問題の推移と教訓／傳喆・寺西俊一　Ⅴ　東京オリンピックと高度成長の時代／石坂友司　◆現代史の扉（暉峻衆三）

第15号　六〇年安保改定とは何だったのか　（品切）

第16号　検証　アジア・太平洋戦争　本体価格三、二〇〇円

Ⅰ　日本外務省の対外戦略の競合とその帰結　一九三三～一九三八／武田知己　Ⅱ　日独伊三国同盟をめぐる蔣介石の多角外交／鹿錫俊　Ⅲ　海軍の対米開戦決意／手嶋泰伸　Ⅳ　戦争と財閥／春日豊　Ⅴ　音楽のアジア・太平洋戦争／戸ノ下達也　◆現代史の扉（粟屋憲太郎）

第17号　軍隊と地域　本体価格三、二〇〇円

Ⅰ　日本陸軍の典範令に見る秋季演習／中野良　Ⅱ　軍隊の「災害出動」制度の展開／吉田律人　Ⅲ　軍港都市呉における海軍受容／林美和　Ⅳ　〝基地の街〟岩国の戦後史／池田慎太郎　Ⅴ　一九五〇年代沖縄における「基地経済」と「自立経済」の相剋／櫻澤誠　Ⅵ　米軍基地売買春と地域／平井和子　◆現代史の扉（笠原十九司）

第18号　戦後地域女性史再考　本体価格三、二〇〇円

Ⅰ　〈はじめの一歩〉のために―山代巴の課題意識／牧原憲夫　Ⅱ　戦後農村女性の生活と生活記録／北河賢三　Ⅲ　米軍統治下沖縄における性産業と女性たち／小野沢あかね　Ⅳ　戦後思想史における森崎和江／小林瑞乃　Ⅴ　戦後農村における地域婦人会活動の軌跡／高木重治　Ⅵ　戦後女性史研究の動向と課題／早川紀代　◆現代史の扉（永原和子）

第19号　ビキニ事件の現代史　本体価格三、二〇〇円

Ⅰ　第五福竜丸事件と日米関係／黒崎輝　Ⅱ　第五福竜丸事件の政治経済学／山本義彦　Ⅲ　ビキニ事件六〇年、今ふりかえる一九五三～五四年／丸浜江里子　Ⅳ「ビキニ事件」と安保改定／中西哲也　Ⅴ　第五福竜丸事件からビキニ事件へ／山本昭宏　Ⅵ　放射能汚染からの地域再生／中原聖乃

第20号　戦後システムの転形　本体価格三、二〇〇円

Ⅰ　戦時体制再考／米山忠寛　Ⅱ　「戦後法学」の形成／出口雄一　Ⅲ　都市・自治体政治における「戦後体制」とその変容／源川真希　Ⅳ　沖縄の米軍基地問題と「吉田ドクトリン」論／植村秀樹　Ⅴ　戦後七〇年の日本とアジア／宮城大蔵　Ⅵ　ドイツ連邦共和国における戦後システムと歴史認識／中田潤　◆現代史の扉（天川晃）

第21号　東京裁判開廷七〇年　本体価格三、二〇〇円

Ⅰ　パル意見書／中里成章　Ⅱ　「敗者の裁き」再考／永井均　Ⅲ　序列化された戦争被害／宇田川幸大　Ⅳ　カナダと東京裁判／高取由紀　◆現代史の扉（森武麿）

第22号　日中戦争開戦八〇年　本体価格三、二〇〇円

Ⅰ　村と動員体制／小林啓治　Ⅱ　日中戦争の拡大と海軍／手嶋泰伸　Ⅲ　日中全面戦争の展開と難民問題／芳井研一　Ⅳ　日中戦争期植民地鉄道の輸送／竹内祐介　Ⅴ　総力戦と日本の軍事精神医療／中村江里　Ⅵ　〈石川達三と火野葦平〉の語り／神子島健　◆現代史の扉（豊下楢彦）

第23号　新自由主義の歴史的射程　本体価格三、二〇〇円

◆シンポジウム　菊池信輝著『日本型新自由主義とは何か』をめぐって　＊コメント／小沢弘明／浅井良夫／源川真希／金井郁　＊リプライ／菊池信輝　◆特集論文　都市における水辺空間の再編／沼尻晃伸　◆現代史の扉（吉見義明）　◆小特集　戦時期東アジアと帝国日本の空間

第24号　戦争体験論の射程　本体価格三、二〇〇円

Ⅰ　「原爆の図」から沖縄戦シリーズへ／小沢節子　Ⅱ　「インテリ兵士」の日中戦争／望月雅士　Ⅲ　「記憶」を語るということ／小林瑞乃　Ⅳ　女性の戦争体験をめぐる「記憶」と「想像」／米田佐代子　◆現代史の扉（原田敬一）

第25号　朝鮮戦争と戦後日本　本体価格三、二〇〇円

Ⅰ　共通の朝鮮戦争像をもとめて／和田春樹　Ⅱ　現代中国にとっての朝鮮戦争／久保亨　Ⅲ　戦後日本の経済復興と朝鮮戦争／武田晴人　Ⅳ　敗戦後の「平和」と再軍備／植村秀樹　Ⅴ　朝鮮戦争前後の「密航」防止活動における住民の活用／李英美　Ⅵ　朝鮮戦争下の日本における「不戦アジア人権を守る会」の運動について／小林知子　◆現代史の扉（赤澤史朗）

第26号　社会運動の一九六〇年代再考　本体価格三、二〇〇円

Ⅰ　戦後大阪の革新勢力／黒川伊織　Ⅱ　うたごえ運動の一九六〇年代／河西秀哉　Ⅲ　雇用形態と階層差を超えた女性労働運動／跡部千慧　Ⅳ　民青系学生運動から見た東大闘争／小杉亮子　Ⅴ　一九六〇年代の重度障害者運動と障害女性への子宮摘出手術／鈴木雅子　◆現代史の扉（浅井良夫）

第27号　戦後沖縄の史的検証　本体価格三、二〇〇円

Ⅰ　戦中・戦後初期における在本土沖縄人の動向／櫻澤誠　Ⅱ　天願事件再考／若林千代　Ⅲ　沖縄返還交渉にみる有事基地使用／豊田祐基子　Ⅳ　山中貞則と沖縄振興／及川智洋　Ⅴ　「生存の危機」にある沖縄戦後の運動史を捉え直す／上原こずえ　Ⅵ米国にとって沖縄とは何か／土井智義　Ⅶ　植民地統治性の地平と沖縄研究／森啓輔　◆現代史の扉（（木村健二）